教師のための
時間術

長瀬拓也著

黎明書房

本書を岐阜県の教育に深く貢献した、故長瀬泰先生に捧げます。

まえがき

私は、有名な実践家ではありません。また、研究校などでバリバリにやっている先生でもありません。どこにでもいる小学校の一教師です。

そんな私がなぜ、「時間術」について書くことにしたか。それは、これからの教師という職業にとって、仕事をしていくためには、時間を意識することがとても大切になると考えたからです。

◇

一番忙しい時期と言えば、四月でしょう。

これから学校の先生をめざす人や初めて教壇に立つ若い先生にとっては、イメージできないかもしれません。しかし、四月の忙しさは想像を絶する場合があります。その中で、仕事に追われ、学級がまとまらず、子ども達を教え育てるという一番大切な目標を失い、一年目で辞めていく先生もいます。

私も先生になって一年目の時、とても苦労した思い出があります。仕事に追われ、学級もハプニング続きでした。体調を崩してしまったことも少なくありません。そして、ずっと四月のような忙しい状態だった思い出があります。

まさに、「仕事に追われる」日々でした。

◇

仕事に追われ、へとへとになる状態を何とかしたいと思っていました。しかし、なかなかうまくいきません。最初は子ども達の問題や仕事のせいにしていました。しかし、担任する子ども達が変わっても、仕事が少し慣れてきてもあまり変化がありませんでした。

そうした中、私が出会ったのが、「時間を意識する」というビジネス書にあった考え方でした。

本を読み、ビジネスマンの方がしているように「時間を意識して」働いていくと、少しずつですが、仕事が以前よりもスムーズに行えるようになりました。教師としての私自身の成長にもつながっていきました。

◇

ビジネス書には、多くの仕事術や時間術の本があります。しかし、一方で、教師のための時間術について述べた本は、ほとんど見当たりません。私が知らないだけかもしれませんが、数は圧倒的に少ないと言えるでしょう。

「教師の仕事はビジネスマンとは違う」と言う人もいるかもしれません。

しかし、時代は大きく変化しています。今、約五千人もいると言われる精神疾患で休んでいる先生の理由の一つは多忙です。かつてのように、教えるだけが仕事ではなくなってきています。

学級を組織化し、子ども達の問題を解決し、保護者との関わりをよくする。さらに、膨大な提出文書に加え、一年目から多くの校内分掌をしなくてはいけません。学年でも足並みをそろえるために多くの話し合いをする必要があります。そして、長い会議の数々……。

私は、先生方を取り巻く環境が多忙化し、本来の教え育てる行為から切り離されているようなイメージさえもっています。

そのためにも、学校や学年の仕事をより効率よく、効果的にこなしながら、本来一番大切とされる子ども達を育て、教えることに多くの時間をかけるような工夫が必要だと考えています。

◇

今、教師を取り巻く環境は決して温かく、優しいものではありません。その中で、高い理想をもち、一生懸命子ども達を育てている先生方と共にがんばっていきたいと思っています。そこで、この本を通して、楽しい学級づくり、授業づくりができるように、私が今まで取り組んできた時間の意識と方法について紹介します。

二〇〇九年五月五日

長瀬拓也

この本の使い方

この本は大きく二つに分かれています。

○第1、2章は理論編です。

教師のための時間術がどうして必要か、また、どのようにしていけばよいか、基本的なスタンスや考え方が書かれています。

○第3、4章は、実践編です。

特に、第3章は図解を交え、私が実践してきたことを書いています。時間がなく、忙しい場合はこちらから見ていただいてもかまいません。

最後に、初任者の方へのメッセージや、時間術や仕事術の本の紹介もさせていただきました。ぜひ、ご活用ください。

目次

目　次

第3章　時間は子ども達と創る　46

目　次

第4章　時間術で余裕を創る　85

第1章　教師のための時間術

夜遅くまで働くことに疑問をもとう

私は附属の小学校や研究校の先生ではありません。普通の公立小学校の教諭です。私のように、多くの先生はいわゆる一般校と言われる普通の学校の先生です。

研究校や附属の小学校などで夜遅くまで職員室の明かりがついている学校を、かつて、「ちょうちん学校」と呼んでいました。中には、夜の十二時を回っても仕事をしていることがあると聞きます。「夜遅くまで働くのが当たり前」という学校も少なくないそうです。

こうした話をまるで武勇伝のように語る人がいます。しかし、果たしてそれでよいのでしょうか。私は夜遅く働き続けることに疑問を感じています。

普通の学校で働いている私達にとって、毎日夜遅くまで働いていては、体が壊れてしまったり、逆に仕事ができなくなったりしてしまうかもしれません。また、一家庭人としては失格です。クラスの子どものために自分の子どもを大切にしていないのでは本末転倒です。

普通の学校の先生として、やはり、夜遅くまで働くことがないようにしなくてはいけません。それは、一緒に暮らしている家族のためでもあるし、子どものためでもあるし、自分のためでもあるのです。

そう言うと、

「好きでやっているわけじゃない」

「やらないと終わらない」

という意見が聞こえてきそうです。

しかし、そうした意見で、今のまま続けていてもよいのでしょうか。この職業は時間的な終わりがありません。しようと思えばいつまでもできます。しかし、時間的な視点を仕事の中に入れていかないと、心も体ももたなくなってしまいます。

なぜ時間術が必要か

多忙化の一つの原因は、私は、個々の教師が時間に限度をもっていないことだと考えています。かつて、私が一年目の時は、夜十時を過ぎても仕事をしていることが多くありました。しかし、今は、その必要性があまりありません。今でも十時を過ぎる場合はありますが、どうしてもの場合だけです。

普通の学校の先生として、自分の仕事に対して内容に限度をもつだけではなく、時間に限度をもつことも大切だと思います。多くの時間をかければ、確かによい実践は生まれるかもしれません。しかし、時間をかけすぎて他のものを犠牲にしてはいけないと思います。

学校の先生という職業には老若男女、様々な個性をもった人が必要です。夜遅くまでしないとできない仕事だということになると、幼い子どもがいたり、家族をもっていたりする先生にはつらい職業になってしまいます。

家族を大切にすることも一人の社会人として先生には必要なことです。そのため、適度な時間に帰ることができるような時間術を創り上げていくことがこれからの教師の仕事には必要だと考えています。

なぜ忙しいか

忙しいと感じている先生方は圧倒的に多いと思います。しかし、なぜ、忙しいのでしょうか。

私は、忙しさの原因を次のように考えています。

① 校務分掌の負担の増加
学校における教員数の減少により校務分掌の負担が増えた。

② 外部からの依頼・指定・業務・研修の増加
行政など外部からの依頼や指定、文書提出、研修などが増えた。

③ 指導の不成立の増加
子ども達の自治的な力が落ち、授業などでの指導が難しくなった。

④ 子ども以外での悩みの増加
保護者からのプレッシャー、同僚や管理職との悩みが増えてきた。

（家本芳郎著『いきいき教師の仕事術―仕事サボリの教職学』学事出版、参考。）

この四つが、先生を物質的・心理的の両面で忙しくさせ、初任者をはじめ、多くの先生を苦しめているのではないかと考えています。

どこに時間をかけるか

こうした多忙化に対して、ただ文句を言っていても始まりません。
私の考える時間術の大きな特徴は以下の三点です。

①　仕事の効率化をめざす。
②　子どもと学級を共同経営する。
③　自分が一番したいことに時間をかける。

特に、大切にしていることが、

③　自分が一番したいことに時間をかける。

です。

つまり、学校の様々ある仕事の中で、「教師として本来一番したい仕事に多くの時間をかけること」が時間術の最大の目的です。

多忙を嘆いても始まらない

調査などを見ますと、学校の先生が一番したい、または、しなくてはいけない「教材研究・授業づくり」や「子どもとの関わり」に時間をかけることができない現状があります。平成十八年度文部科学省の「教員勤務時間調査」によると、勤務日の平均残業時間における業務内訳では、成績処理と授業準備に多くの時間がかけられています。これは、研修やそれ以外の業務（つまり、仕事）があるからであり、残業しないとできない状態、つまり勤務時間の中に本来の授業づくりや子どもに関わる仕事ができていない状態であることがわかります。

調査だけではなく、

「学校や学年の仕事があるために、授業の準備があまりできない」

「宿題を見たり、校内の仕事をしたりするために、子どもと遊ぶことができない」

など、本末転倒な話を実によく聞きます。学級の仕事は「自分の仕事」とされ、「自分の仕事は後にして」と言われたこともよくありました。

一年目の先生は初任者研修がありますが、研修のために教室を空けなくてはならない日があり、多くのレポートの提出もあります。たしかに力はつきますが、これが現場に入ってきた先生を逆に苦しめている場合もあるのではないかと思います。

かつて、私が初任者の頃、研修で出張すると子どもがけがをしたり、ケンカをしたりしました。また、子どもの対応のために研修に遅れると、指導主事の先生から「時間を守らないのは社会人としてよくない」と指導を受けたことがありました。

指導主事の先生のご指摘もよくわかります。ただ、子どもを育てるために教師になったのに、子どもから離れた仕事をすることに疑問を感じてしまったのを今でも覚えています。

しかし、愚痴を言っても仕方ありません。研修制度はこれからも続いていくでしょう。大切なことは、そうした状況の中で、学校や学年の仕事をこなしながら、いかに子ども達と関わり、学級をつくっていく、授業をしていくといった教師の仕事の醍醐味を無理なく味わうようにするかです。そのために、時間を工夫する必要があるということです。

つぶれないために

時間術を考えた大きなきっかけの一つに新任の学校の先生の自殺が挙げられます。

〈夢かない2カ月、教師は命絶った　両親「若手支える体制を」〉

東京都新宿区立小学校の新任の女性教諭（当時23）が昨年6月、自ら命を絶った。念願がかなって教壇に立ち、わずか2カ月後に、なぜ死に至ったのか。両親や学校関係者に取材すると、校内での支援が十分とはいえないなか、仕事に追われ、保護者の苦情に悩んでいた姿が見えてくる。（編集委員・氏岡真弓）

母（55）がメモ帳に書かれた遺書を見つけたのは、死去から2カ月たった昨年8月のことだ。「無責任な私をお許し下さい。全て私の無能さが原因です」。「無責任じゃない。責任を果たそうとしたから倒れたのに」と父（55）。やりきれない思いがこみあげた。

高校時代から教師を目指した娘が小学2年生の担任としてスタートを切ったのは、その年の春。

この学校は各学年1学級だけで同学年に他に担任がおらず、授業の進め方の直接の手本がなかった。しかも、前年度10人いた教員のうち5人が異動していた。「家庭の事情など本人の希望などを尊重した」と区教委は言うが、「校長の経営方針に反対して異動を希望した教員も多かった」と学校関係者。「新学期のうえに教職員が入れ替わったせいで、ゆとりがなかった」と関係者は語る。

娘がまず提出を求められたのは食育指導計画、公開授業指導案、キャリアプラン……。離れて住んでいた父は娘と電話で話していて「追いまくられてると感じた」。午前1時過ぎまで授業準備でパソコンに向かい、そのままソファで眠る日が続く姿を姉が見ていた。

娘は姉や祖母に「保護者からクレームが来ちゃった」と話してもいた。

区教委によると、ある保護者が4月中旬以降、連絡帳で次々苦情を寄せた。「子どものけんかで授業がつぶれているが心配」「下校時間が守られていない」「結婚や子育てをしていないので経験が乏しいのでは」。校長がこれを知ったのは5月下旬だった。「ご両親が連絡帳の文面を見たらショックを受けるかもと区教委から言われた」と父。

他の保護者たちも校長室を訪ね、「子どもがもめても注意しない。前の担任なら注意した」などと訴えていたという。

娘は5月26日に友人と会ったとき、「ふがいない」「やってもやっても追いつかない」と漏らした。翌日、自宅で自殺を図ったが未遂となった。

母が精神科を受診させたところ、抑うつ状態と診断された。魂の抜け殻のようで声が出ない。娘は言った。「ひどい」。しばらくして「あたし」。

自宅の風呂場で自殺を図ったのは、その2日後の夜だった。翌6月1日朝、病院で亡くなった。（以後略）

（朝日新聞　2007年10月9日　東京朝刊）

今、改めて読んでも胸が痛くなります。この事件を通して、私は私より後輩の人達のために何かできないかと考えるようになりました。それが、教育サークルの立ち上げであり、『若い教師のための読書術』（ひまわり社）の出版であり、この本でもあります。

たった二カ月の中で何が起きたのでしょうか。想像しかできませんが、四月の学級びらきから想像を絶するような忙しさに追われ続けたのでしょう。食育指導計画は学校に関係する仕事であり、キャリアプランは初任者研修のための仕事であると考えます。こうしたことが子ども達との関わりの時間を奪っていったことにつながっているように感じます。

しかし、こうした事件にこそならなくても、多くの一年目の先生達が苦しみ、離職してしまうケースが続いています。時間を意識し、管理することの大きな目的は、「つぶれない」「自分を守ること」につながります。仕事に応じた時間の軽重化や効率化は自分自身を守ることでもあるのです。

時間術は、まず子ども達のために

「時間術は個人的なもの」

今までの話を聞くと、そう感じる人もいるかもしれません。

しかし、時間術は個人的なものだけではありません。子ども達や学校のためにもなるのです。まずは、子ども達についてどのような利点があるか話したいと思います。

時間術をもち、仕事ができるようになれば、先生は元気になります。

これが実に大切なのだと考えています。

時間に追われ、へとへとの先生の姿を見ていては、子ども達もモチベーションが上がらないでしょう。

かつて、初任の頃、子ども達は「先生って大変だね」と私に向かって言ってくれました。

その頃は、「大変さが伝わっていて、よいことだ」と思っていましたが、今から思えば、あまりよい印象は与えていなかったのかもしれません。

時間術をもち、毎日、仕事に追われず、楽しく元気にクラスで過ごす。

これが子ども達にとって一番大切なことではないでしょうか。つまり、

子ども達に多くの時間をかけ、子ども達の力を伸ばす。

これが教師のための時間術の最大の目的です。

しかし、そうならないのが現状です。

本当に、先生にとって必要な仕事は何か。

それを、今、考えなくてはいけない時代に来ています。

何も考えずに、ただ、それをまっていては、常に仕事や時間に追われるだけです。

「自分のために」＝「子どものために」、時間術は必要なのです。

時間術は、学校のためにも

仕事に追われないことは、学校のためにもなります。仕事に追われず、元気に活動すれば、子ども達の問題も減り、学校の仕事も積極的にできます。しかし、この場合、仕事の中身が関わってきます。

学級の仕事しかしない人がいます。いわゆる、「学級命」と言われる先生方です。学校の仕事はほとんどしない。または、文句ばかり言って違う人にさせてしまう。自分だけ学級の仕事に専念してどんどん進めていってしまう人のことです。

こういう人はなかなか職場での支持を得ません。自分の仕事はよくできますが、職場にとってはマイナスで、他の人の仕事を増やしてしまいます。

逆に、学級の仕事は置いておいて学校の仕事ばかりする人がいます。

私は、「学校貢献人」と呼んでいます。こういう先生がいると、学校の仕事がとてもはかどります。大変ありがたい存在です。しかし、その先生の学級が傾いたり、うまくいかなくなったりすると、その先生は後で悪く言われてしまうことがあります。

大切なことは、バランス。

私は、いつもそのことを考えています。初任の頃、学級のことしか考えていなかったので、よく叱られていました。学年、学校を見て動きなさいとよく言われたものです。

昔の先生方は、職人集団だったと思います。多少他人と異なっていてもあまり小言を言われないし、自由にいろいろできました。

しかし、今の学校の先生は組織の一員としてのイメージが強くあります。学年で指導方法をそろえるなど、組織を強く意識しなくてはいけません。

だから、一番よいのは、時間を管理し、仕事に追われず、どんどんできる人になることです。そして、時間に余裕をもたせ、その時間を学級に、学校にと振り分けていく人になることです。

私の理想の教師像はまさにここにあります。しかし、なかなか実現できないので苦労しているところですが……。

時間術は、自分自身の成長のためにも

時間術を身につけることは、自らの成長につながります。

時間がなく、仕事に追われる生活を続けていれば、その仕事をこなすだけになってしまいます。そうなれば、教師として自らを高めていくことは難しいと言えます。自らを高めていくことが難しいと、また時間に追われる生活になっていきます。

つまり、時間を生み出したり、仕事を効率よくしたりしていくことが、将来の自分自身への成長につながるのです。

一分でも五分でも本を読む時間を取れば、その分、教師としての力を高めることができ

ます。

一日でも教育研修会に出れば、授業や学級づくりのヒントになるでしょう。

要は多忙で仕事に追われ、時間がなく、余裕のない生活から脱出し、自分自身を高めていく仕事の仕方に変えていくことです。また、人生を豊かにしていく生活に変えていくことです。

そうしないと、いつまでも子ども達との関係はよくならなかったり、この仕事が嫌になったりして、自分自身を伸ばすばかりかつぶしてしまいます。

目の前の子ども達のため、学校のため、そして、何より自分自身のために時間術が必要なのです。

第2章　時間術の三つの基本的な考え方

時間術の基本は「時間配分」

第1章で述べたように、私の考える教師のための時間術は、

① 仕事の効率化をめざす。
② 子どもと学級を共同経営する。
③ 自分が一番したいことに時間をかける。

の三点です。

第2章では、この三点について詳しく説明していきます。

まず、

①　仕事の効率化をめざす。

についてです。

これは、教師の仕事だけではなく、すべての仕事に言えることです。仕事の中身を考えると、意外と無駄なことが多くあります。徹底的に無駄を省く努力をすること。そして、教師の仕事に関して言えば、

時間の配分を考える。

ことだと考えています。

時間の配分、つまり、どの仕事に時間をかけるようにするか意識しながら仕事をすることが大切なのです。

時間をかけたいことは、授業なのか、生徒指導なのか、校務分掌なのか、文書作成なのか……。自分が教師として、子ども達を育てるためにどこに多くの時間をかければよいか意識して取り組むことが必要なのです。

時間をかけることが必要でないものに時間をかけていれば、

「時間の無駄遣いをしている」

と考え、無駄を減らすようにすることでしょう。

そうすれば、次から次へと出てくる仕事に対して追いたてられることも少なくなってくるでしょう。仕事そのものは減ることがあまりありません。しかし、仕事の内容に時間の軽重をかけていけば、簡単に終えるべき仕事が見つかります。

すべての仕事に同じように必死になって取り組むから苦しくなるのです。

内容の重要性を考え、仕事に時間の軽重をかける。

これが、仕事の効率化への第一歩です。

時間を取られない工夫をする

①　仕事の効率化をめざす。

このために、考えることがもう一つあります。

それは、教師という職業の特有のことかもしれませんが、

思いがけない仕事＝イレギュラー

が起きやすいという点です。

「さあ、採点しよう」

と思った瞬間、クラスの子どもが忘れ物を取りに来る。

「この仕事をしなくては」

とあせると、急に仕事を頼まれる。

などといった、思いがけない仕事が起きやすいと言えます。私はこれを「イレギュラー」

と呼んでいます。野球選手がボールを取ろうとすると、イレギュラーバウンドするイメージです。これがどんどん来る感じです。

その中で、仕事にかかる時間の軽重と優先順位を考えなくてはならず、教師の職業は、常に選択を必要とするものです。イレギュラーしてきたボールやそうでないボールのうち、どれが大切で、どれをすぐ取りにいかなくてはいけないか。それを考えることが大切なのです。

そして、イレギュラーそのものを減らす努力も必要です。例えば、

① 子どもが問題を起こさないように、学級づくりをしていく。

② 体調を悪くせず、仕事をためないようにする。

③ 保護者との関係を常に良好なものにする。

④ 整理整頓をして、探したり、聞いたりする手間を省く。

など、イレギュラーをいかに減らすかといったことが大切です。

一番イレギュラーが起きやすいのは、①でしょう。担任であれば、学級の子ども達の問題を減らすことが重要です。良好な学級の担任ほど生き生きとして、仕事が楽しく感じているはずです。

また、①のイレギュラー、つまり生徒指導上の問題がどうしても起きやすい学校環境であれば、それ以外の仕事にかかるイレギュラーを減らしていくことが大切になります。

なぜ、初任者を苦しくしているかは、

1　次から次へと来る仕事。
↓
2　軽重を考えることなく、すべて一生懸命に取り組む。
↓
3　仕事に追われ、緊急性の高い仕事もこなせなくなる。（イレギュラーを招く。）
↓
4　たくさんのイレギュラー（保護者・子どものトラブル）が発生。
↓
5　対応が後手に回る。
↓
6　問題の拡大、仕事の増加。

といったことが発生しているからではないかと私は考えています。そのためにも、イレギュラーを減らして、自分が一番したい仕事に時間をかけていくことが必要です。そうすれば、先生自身も余裕が出てきて、仕事が前向きになり楽しくなるはずです。

教師を襲う魔の循環（サイクル）を断ち切る

私は、一年目の時、次から次へと来る仕事に対して、為すすべなく流されていました。

図に表すと下のような形です。

このサイクルは、イレギュラーが次々と発生していきます。そのため、こういう状況の時は、断ち切る努力が必要です。

・学級づくりに力を入れる。
・睡眠を取り、体調を整える。
・仕事に軽重をかけ、効率化を

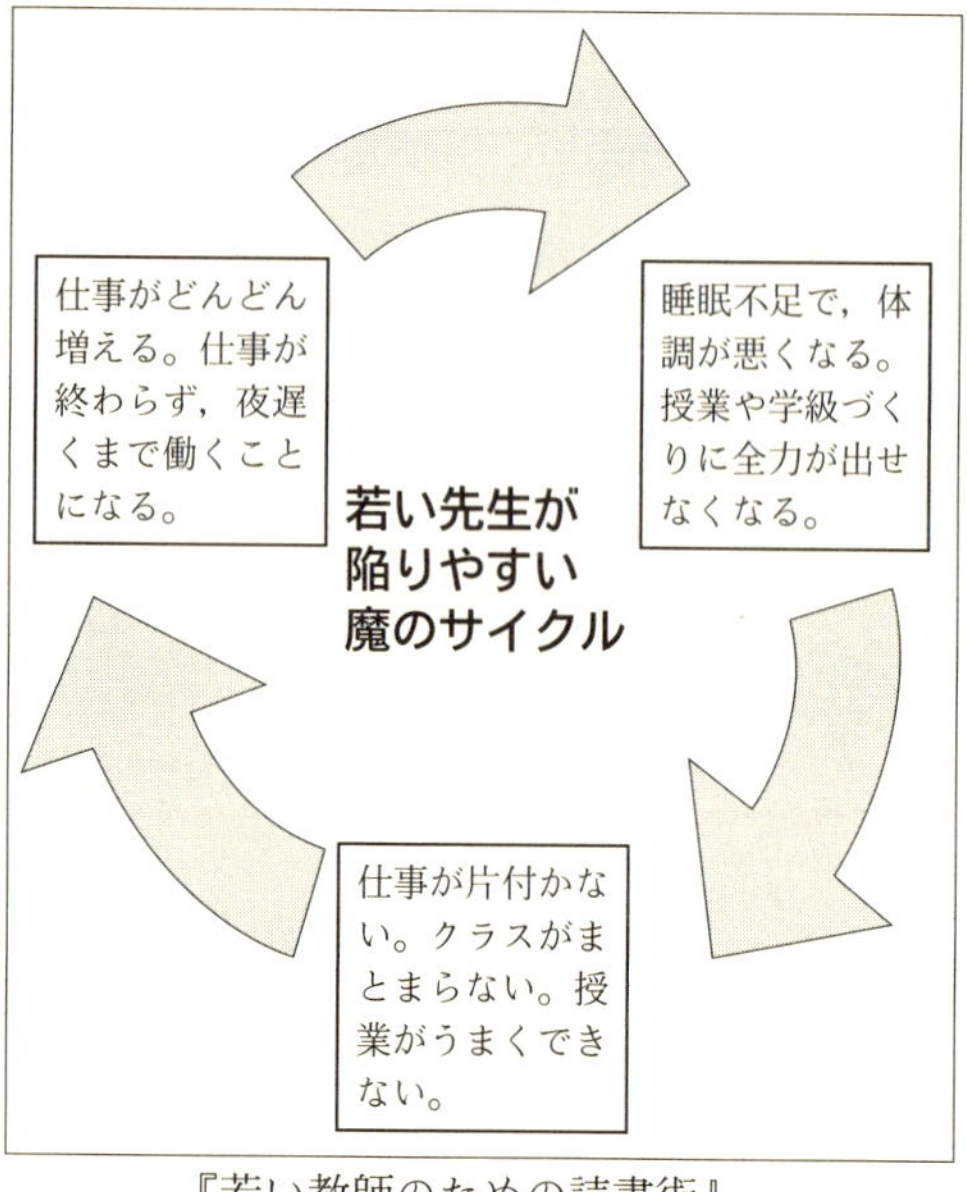

若い先生が
陥りやすい
魔のサイクル
睡眠不足で，体調が悪くなる。授業や学級づくりに全力が出せなくなる。
仕事が片付かない。クラスがまとまらない。授業がうまくできない。
仕事がどんどん増える。仕事が終わらず，夜遅くまで働くことになる。

『若い教師のための読書術』
（ひまわり社　長瀬拓也）より

めざす。

といったように、問題の原因は何かを突き止め、そのためにどうすればいいかを考え、実践していくことが大切です。

私はこの魔の循環（サイクル）を、読書を通じて、克服しました。

　問題を解決するために読書をしたい。そのために時間が必要になる。そこで、仕事の効率化に力を入れる。そうすると、読書を通じて実践ができ、イレギュラーも減る。子ども達とも関係がよくなり、楽しい学級になっていく。図に表すと下のようです。

　私の場合、魔のサイクルを断ち切ったツールは読書でしたが、それ以外にもあるはずです。しか

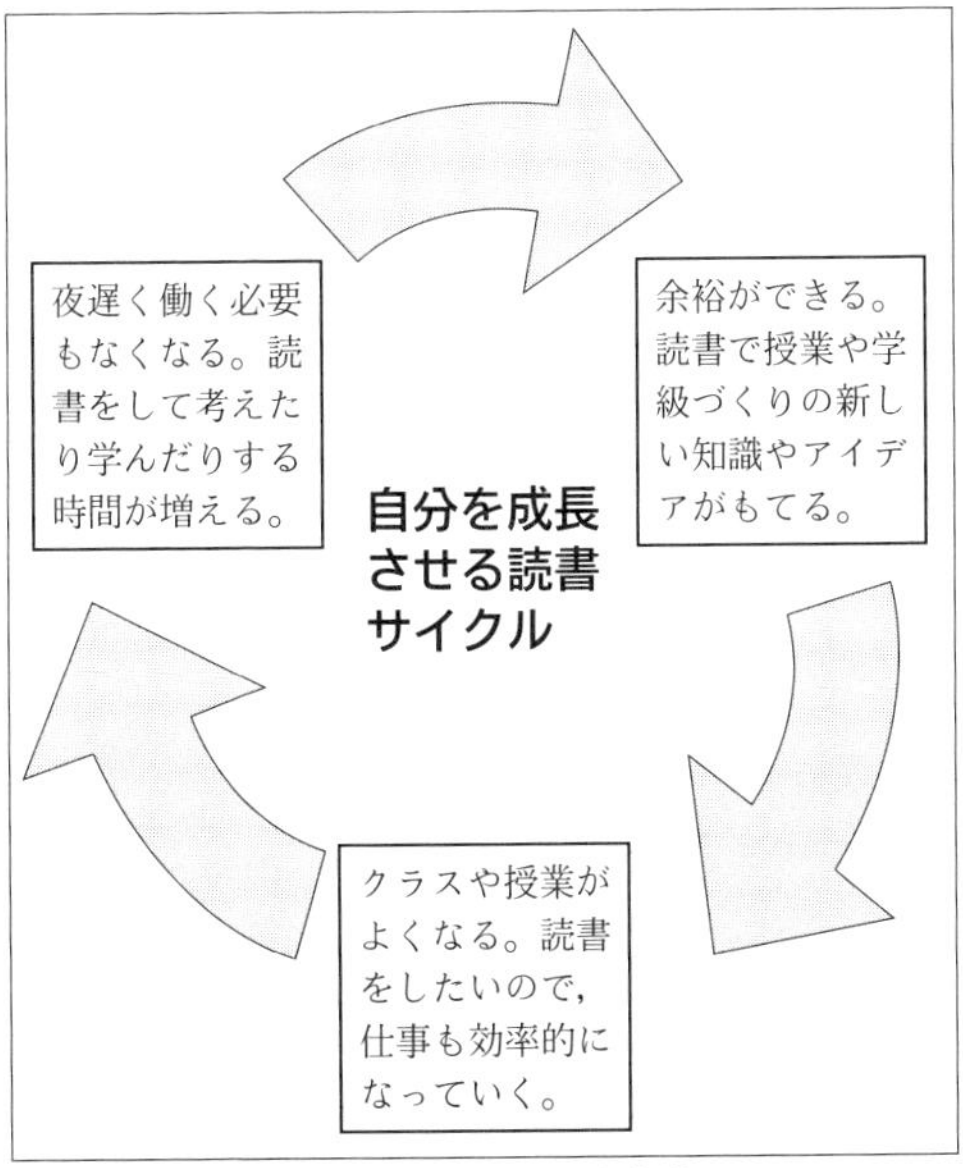
自分を成長させる読書サイクル
余裕ができる。読書で授業や学級づくりの新しい知識やアイデアがもてる。
クラスや授業がよくなる。読書をしたいので，仕事も効率的になっていく。
夜遅く働く必要もなくなる。読書をして考えたり学んだりする時間が増える。

『若い教師のための読書術』
（ひまわり社　長瀬拓也）より

し、趣味にしても、サークルにしても、そのための時間が必要です。いかにして時間を生み出すか、そのことを常に意識して行動することが大切だと考えます。

子ども達はパートナー（共同経営者）だ

時間術の二つ目のポイントは、

> **② 子どもと学級を共同経営する。**

ことです。私は常にこのことを意識しています。

かつては学級王国と呼ばれることがありました。今では、学級崩壊という言葉をよく聞きます。まさに、王国は崩壊して無政府状態になってしまっているのかもしれません。

「学級経営」の「経営」の言葉どおり、担任の先生は経営者であるべきだと私は考えています。聖職者であり、専門家であり、経営者でもある。そう考えています。

学級経営のゴールは、学力の定着やよりよい人間関係の育成など、子ども達一人ひとりが人として成長することです。そのために、学級を経営していくのです。

この経営を私は、子ども達と一緒にやっていこうといつも考えています。上からのトップダウンは、同じ経営者、または社員の気持ちを低下させます。しかし、逆に自由にさせすぎれば、方向性をなくし、崩れていくでしょう。

これからの教師に必要なのは、経営者として学級を組織化し、子ども達と一緒に学級を創り上げていくことです。そのためには、明確なゴールとルールづくり、そして働きやすい（学びやすい）環境を創っていくのです。

理想を言えば、経営者、または社員が自分達で進めていく「自治経営」です。「自治経営」であれば、教師がどうしてもしなくてはいけない仕事だけすればいいのです。おしゃべりや問題を子ども達で解決し、子ども達が起こすイレギュラーな問題を自分達の手で減らしていけば、最高の形でしょう。

つまり、

子ども達ができることは子ども達に。

を常に意識しています。

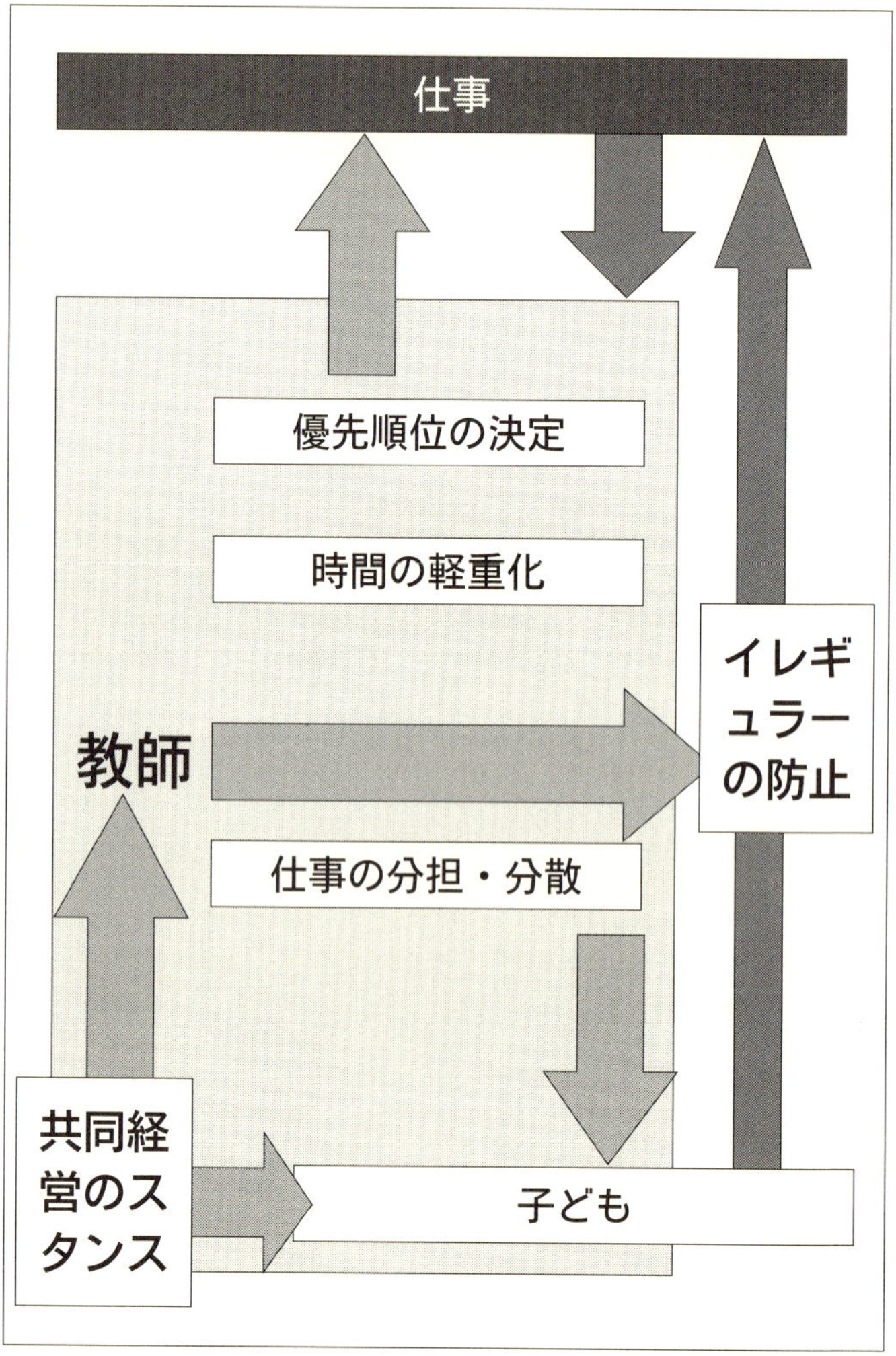
仕事
優先順位の決定
時間の軽重化
教師
仕事の分担・分散
イレギュラーの防止
共同経営のスタンス
子ども

掲示や配布、注意など、子ども達ができることを一年目の先生はすべて自分が引き受けてやってしまっています。私も初任の頃、

「子どもとするのだよ」

と教えてもらったことがよくあります。

子ども達は頼まれると、もっと言えば、頼まれなくても仕事をするのが大好きです。

学級の一員として、どんどん教師ができる仕事を子ども達にさせていく、一緒に学級の問題を考えさせていく。こうしたことが子ども達との共同経営だと考えています。この考えは、横浜市立小学校の野中信行先生の「縦糸・横糸理論」を参考にしています。

学級を組織化する

学級を組織化することは、教師の仕事をものすごく楽にします。学級が組織化されず、常に問題が起きれば、仕事は間違いなく増えていきます。逆に楽になれば、新しい指導法も考えることができ、先生自体も楽しく、そして、子ども達も伸びていくのです。

私は学級を組織化し、経営していく仕事が教師にとって今求められている一番の仕事だと考えています。（学級を組織化するためにはどうすればいいか。その考えを深めるには、

野中先生の本を読むことを薦めます。初任の方は、一度は目を通すべきです。とくに、野中先生の『学級経営力を高める3・7・30の法則』（学事出版）は、これからの学級経営を考える上で極めて重要な一冊になります。）

これができれば、あとは、どのようにより楽しく子ども達に力を付けていけばよいか考えていけばよいのです。こうしたことを考えることは、教師にとっては幸せなことです。まさに、「うまくいっている状態」と言えるでしょう。ここで多くの時間を使ったとしても、忙しいとは思わず、充実していると思えるはずです。

教師にとっては、物質的な忙しさを解消することも大切ですが、精神的な忙しさを解消することも大切です。そのために時間を取るべきところはしっかりと取り、丁寧に指導をしていくことも大切です。

そうしたことが、結果的にはあとで大きな仕事の時間の短縮にもつながっていきます。

つまり、

③ 自分が一番したいことに時間をかける。

これがとても大切なことなのです。

アライアンス（同盟）で考える

学級が組織化すると同時に、校務分掌をやっていかなくてはいけません。

「これができない」

「私にはわからない」

とベテランの先生がさじを投げてしまい、若い先生が必死になっている様子をよく聞きます。

こういう時、

「なぜ、私が……」

と思うかもしれません。

だれだって、担任であれば、学級のことだけに力を入れたいのは本音としてあるでしょう。しかし、学校の仕事をしなければ、学校自体が壊れてしまいます。そのため、組織の一員として動く必要があります。しかし、自分自身が学校のためにつぶれてしまっては意味がありません。

では、どうすれば、いいか。私はこれからの教師は、「アライアンス」で考えることが大切だと思っています。

これは、お財布ケータイの開発に関わった平野敦士カールさんの著書から学んだことです。「アライアンス」とは、同盟や連合を表す言葉であり、多くの人を巻き込んで、自分一人では不可能な仕事を可能にしていくことです。平野さんは、今までの仕事の経験から「アライアンス」の考えを提唱しています。

平野さんの二冊目『がんばらないで成果を出す37の法則―アライアンス人間関係術』（ビジネス社）を読むと、「21世紀に活躍するビジネスパーソンとは、こんな人」として、

① 人を出し抜くより助け合って仕事ができる人。
② 創意工夫ができる人。
③ 自分のブランドをもっている人。

と書いてあります。

私は、これは、まさに、教師にも言えることだと強く思います。とくに、よいと思ったのが、タイトルにも書いているように、「がんばらない」という視点です。

教師、とくに若い先生はがんばってしまいます。

確かに、がんばることはよいことですが、それが一人よがりであったり、成果を上げていなかったり、自分を犠牲にしたりする場合も少なくありません。また、夜遅くまでがんばることが美徳のようなところもあります。

何度も言いますが、私はこれはよくないと考えています。

なぜなら、ビジネスパーソンと大きく違うところは、がんばっても成果が出なければ、本人だけではなく、クラスの子ども達も影響を受けてしまうからです。

これからは、学校という会社の中の学級という支社を率いていると意識していくことが大切だと思います。本社の仕事をしながら、学級という自分の支社が、うまく機能し、その中で働いている（学んでいる）子ども達が成長していく「しくみ」や「枠組み」が必要なのです。

そのために、教師はどうすべきか。

やはり、「自分だけでがんばらない」ことです。平野さんが書いているように、

- 助けてもらえる人になる。
- 人に時間をあげられる人になる。

ことは非常に大切だと思います。

教師の世界では、以前から「同僚性」（佐藤学ら）とよばれ、こうした他人との協調を大切にした仕事のあり方が言われてきました。

しかし、私は「同僚性」という言葉は、馴染まない気がします。なぜなら、「同僚性」の言葉のイメージだと、主任や管理職といったところと若い先生では、やはり差があるように感じるからです。だから、アライアンス（同盟）という言葉の方が今はすごく気に入っています。若い先生が学級をつくっていく時に、主任・教務・管理職・ベテランの先生、地域の人、ゲストティーチャー、保護者などを巻き込んでいくのです。

自分だけで仕事をしないで、多くの人を巻き込んでいきます。相談したり、連絡したりして、校務分掌（もちろん、学級経営も）をしていくのです。そして、時間をだれかのためにあげるつもりで仕事をしていくのです。

「この仕事をしなくてはいけない。どうしよう」

「早く終わらせないと」

と自分を追い込むのではなく、みんなに助けてもらいながら、協力しながら仕事をしていきます。そして、**時間ができたら、時間を他の人にプレゼントしていく**。こうした考えをもって校務分掌に取り組むと精神的な忙しさが少なくなっていきます。私はまだ、こうした姿には達していません。多くの先生たちと共に「がんばらない」でがんばっていきたいと思っています。

第3章　時間は子ども達と創る

始業式カウントダウン

教師の仕事がもっとも忙しいのが四月だと言えます。始業式を迎えると、その忙しさはさらに増えていきます。そこで私は、「始業式カウントダウン」と名付けて、始業式までにするべきことをできるだけ書き出して、それらをいつするかスケジュールを立てていきます。

向山洋一先生が始業式後の三日間を「黄金の三日間」と呼び、詳細なスケジュールを立てて、それに基づいて行動することを実践されています。それを始業式前にもするのです。

学校から始業式までの週の予定が渡されると思います。それにあわせて何をするのかを考えておくとよいでしょう。

始業式カウントダウン

することを次のように計画してみました。どうでしょうか。3日しかないのですね。

日時	学校行事	TO　DO　学年ですること（必ずすること）
4／1		①　クラスの児童決定 ②　健康簿・指導要録・家庭調査票・健康カード仕分け ③　児童名簿作成（長瀬） ④　教科書・教材選定 ・ドリル，テスト（国社）……（長瀬） ・ドリル，テスト（算理），図工関係……（青山） ①～④まで終了したら各学級の仕事へ **＊できれば，時間割も作成しておく。**
4／2		①　時間割作成 ②　交流・授業担当の先生との打ち合わせ，お願い ③　名前シールに児童印を押す（青山） （ロッカー・上履きかけ） シールに番号を書く（長瀬） （くつ箱・傘たて） ④　児童名簿の作成（長瀬） ⑤　教室整備（ロッカーにシール貼る。くつ箱・傘たて） ①～⑤まで終了したら各学級の仕事へ
4／3		①　朝張り出すクラス編成の紙の作成 ②　1～2週間の予定・見通しの打ち合わせ，印刷 ③　学級組織の確認 （日直・当番活動・係活動・給食当番・掃除当番・班編成・日直日誌など） ④　学校当番の確認 ⑤　習字道具・絵の具の道具置き場の確認 ①～⑤まで終了したら各学級の仕事へ
4／4		休み
4／5		休み
4／6	始業式	

短期目標……たてわり遊びがしっかりできるようにする。
とくに，1年生を迎える会の成功!!
中期目標……修学旅行の成功!!!!　5／2　下見

小物（ファイル・かごなど）をそろえる

ものすごい量の書類があります。整理整頓しないと机の上がすごいことになります。そのため、ファイルを買っておいて、どんどん入れていくとよいです。

- 職員会議
- その他の会議
- 学年研究会
- 研修関係
- 学級関係
- 成績
- その他

ぐらいに私は分けています。これぐらいのファイルを色違いでそろえておくと、早くできます。整理整頓ができ

Point

- ファイルにすぐ閉じる習慣をつける。
- いらないと感じたらすぐ捨てる。
- かごやケースなどを買っておく。
- 100 円ショップを活用する。

私の失敗例

ファイルを作りすぎて混乱したことがあります。閉じる習慣がなく，書類の山を作ってしまったこともよくあります。

ると仕事が速くできます。

あとは、ばっさり捨てることが大切！

TO DOは3タイプに分ける

学級開き前に何をすればいいか、どんなことをしたいかを書き出していきます。TO DOリストは、私の場合は、

①　すぐする。（TO DO）

②　した方がよい。（Should）

③　したい。（Want to）

の3タイプに分けています。緊急性の高いものから始めていって、あまり急がないものはゆっくりするようにしています。

また、終わったらどんどん消していくことが大切です。そうすると、達成感を感じることができ、精神的にも楽になります。

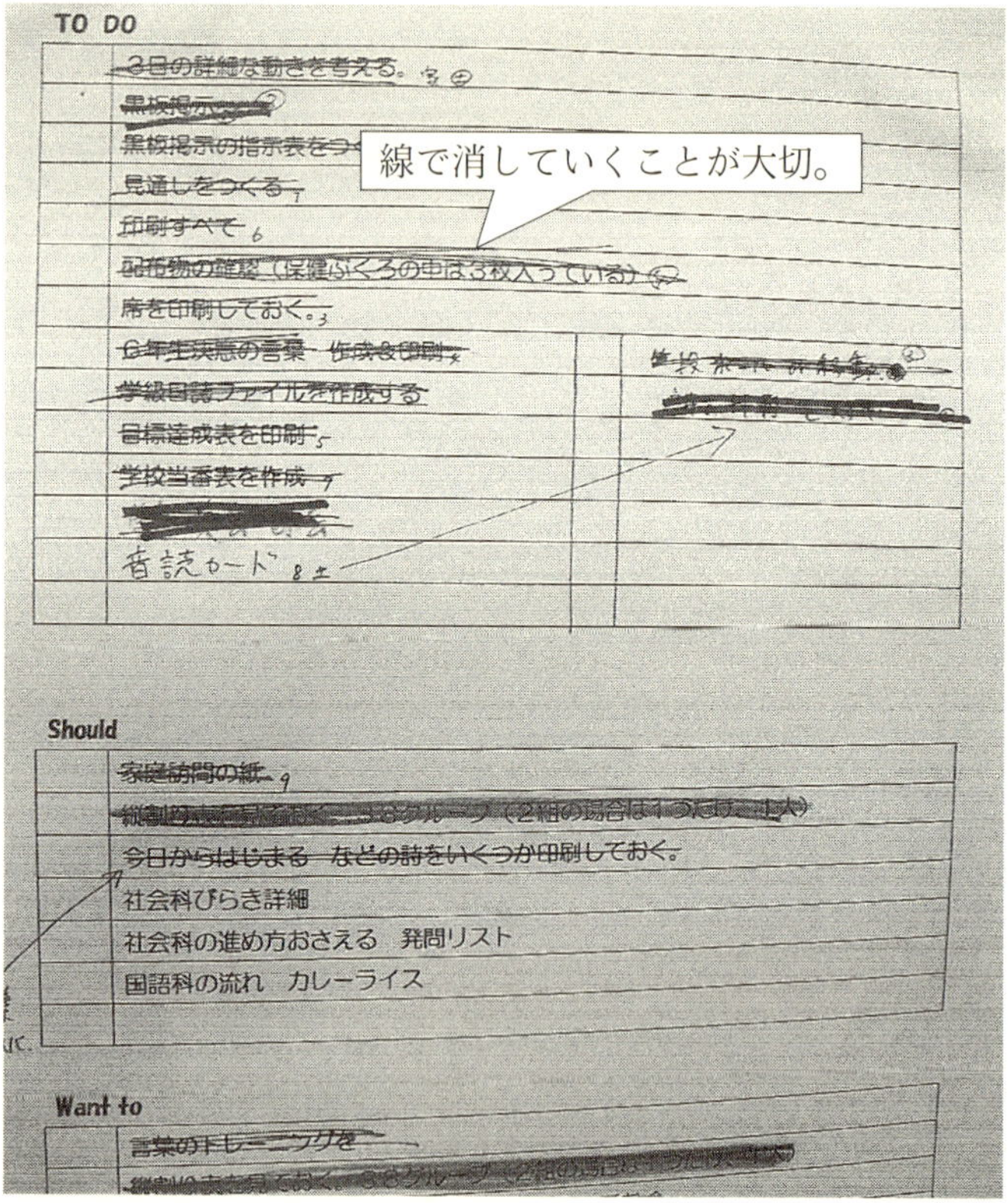
TO DO
3日の詳細な動きを考える。
黒板掲示
見通しをつくる
印刷すべて
配布物の確認（保健ぶくろの中は3枚入っている）
席を印刷しておく。
学級目標ファイルを作成する
目標達成表を印刷
学校当番表を作成
音読カード
線で消していくことが大切。
Should
家庭訪問の紙
今日からはじまる　などの詩をいくつか印刷しておく。
社会科びらき詳細
社会科の進め方おさえる　発問リスト
国語科の流れ　カレーライス
Want to
言葉のトレーニングを

Point

- TO DO・Should・Want to と，それぞれ緊急性に応じて「することリスト」を考えていく。

私の失敗例

リストづくりにこだわって失敗しました。メモでいいです。

春休みはより早く出勤

「春休みだから、ゆっくりしたい」と思う人もいると思います。しかし、四月スタート後の忙しさを考えれば、ここで仕事をするかしないかが大きな差になると考えます。

しかも、春休みは精神的にも気が楽です。学年のスタートであり、新鮮な気持ちで取り組むことができます。だから早く出勤しても体力的・精神的にも楽だと言えます。それに、春休みは多くの先生方がゆっくり出勤するので、職員室が静かです。朝出勤して、会議までにいくつかの仕事を済ませたり、学級の仕事をしたりすることができます。

Point

- 春休みは早めに出勤して仕事をしよう。
- ５分や10分の空いた時間を大いに活用しよう。
- 整理整頓に心がけ，仕事がしやすい環境を創ろう。
- 隙間時間に関する本を読んで生かそう。
- 気づいたことをどんどんメモしよう。

〈参考文献〉

木村雅晴『「コマギレ・すきま時間」活用術―「1日15分３セット」で夢を実現！』ぱる出版

西山昭彦『こま切れ時間活用術』日本実業出版社

私の失敗例

春休みに張り切りすぎて，体調を崩してしまいました。がんばりすぎないことも大切だと思います。

また、春休みだからこそ、五分や十分にこだわってください。書店に行けば、「五分でできる」などのタイトルがついたビジネス書が多くあります。

・5分で文書作成
・5分で整理整頓
・5分で打ち合わせ

など、**「隙間時間」と言われる時間をどんどん使っていく**ことが大切です。

学級の組織化を図に

学級の組織づくりを春のはじめに考えます。

・給食当番
・係活動
・日直の仕事

などを毎年変えたり、考え直したりする先生がいます。しかし、それは時間の大きなロスです。毎年基本となる型を作り、バージョンアップさせていくやり方がよいと考えています。

2009　学級組織図

リーダーワーク
グループリーダー……グループをよくする
副リーダー……………リーダーを助ける
学習リーダー…………宿題提出チェック
給食リーダー…………給食当番のチェック
掃除リーダー…………掃除反省会司会

リーダー会議
グループリーダー
リーダー長
運営・学年集会

日直当番　一人制　基本はチェック!!
司会（朝の会・帰りの会）
あいさつ（授業・給食）学級日誌
スリッパ確認当番活動のチェック

係活動8グループ×2（席がえでチェンジ）
国語　授業予定の確認　テストづくり　等
社会　授業予定の確認　テストづくり　等
算数　授業予定の確認　テストづくり　等
理科　授業予定の確認　テストづくり　等
体育　授業予定の確認　準備体操　等
図工　授業予定の確認　教材の準備
音楽　授業予定の確認　朝・帰りの会の選曲
書き方　授業予定の確認　教材の準備

家庭科　授業予定の確認　教材の準備
わんぱく　英語の先生を呼びに行く
チャレラン　週一のチャレランを決める
パーティ　パーティ（お楽しみ会）の企画
新聞　学級新聞を作成する
バースデイ　誕生日の人を祝う
青空　青空の遊びを考える
教室環境　教室をとにかくきれいにする

学年集会委員
集会の司会・あいさつ
並ばせ（後ろから）
呼びかけ

給食当番　5Gが仕事をする。週で交代
①ワゴン（行）
②ワゴン（帰）
③配膳（1人は着ない。お手伝い）
④くばる（パン・ごはん・牛乳・デザート）
⑤くばる（汁・おかず）
⑥後片付け（入れ物・袋）
＊残りの2Gは1年生のお手伝いにいったり，他の人の手伝いをしたりする。

掃除当番
8グループに分かれて，それぞれの掃除場所で掃除を行う。

当番活動　1人1役
・あいさつ……5名（月火水木金）
（朝・帰りの会・授業のあいさつ，司会）
・ポスト（朝帰）……1名
・ヒーロー書き………2名
・くばり………………2名
・タイム（給食）……1名
・掲示…………………1名
・整理整とん…………1名
・皿そろえ……………1名
・黒板消し……………2名
（毎時間のチョークそろえもする）
・まど教室……………2名
・まどワーク…………2名
・電気…………………1名
・ストロー集め………1名
・給食の台ふき………5名（月火水木金）
・牛乳パック洗い……5名（月火水木金）
・黒板予定書き………5名（月火水木金）

Point

・私の場合，グループを8つに分けています。
　1つのグループが2つの係をします。
　1人1役の当番活動があります。
　給食当番はグループ単位で1週間で交代していきます。

私の失敗例

最初の頃は失敗したり機能したりしませんでした。自分なりのシステムを作るのには時間がかかりますが，大切です。

また、こうした学級づくりをする前に、学級の組織図を作ることをおすすめします。これは、向山先生が、かつて行っていたものです（向山洋一『学級を組織する法則』明治図書）。私の組織図は向山先生とは異なりますが、作っておくと、一目で確認でき、ずっと使えます。

子どもができる仕事は子どもに

初任の先生を見ていると、子どもができるような仕事を一生懸命やっていることがよくあります。

担任の先生の仕事は、「確認する」仕事が一番大切だと思います。

特に、

① 掲示（掲示する、貼る、書く）

② 集配（配る、回収する）

③ 環境整備（きれいにする、整える）

の三つは小学校一年生でも（先生が一緒にすれば）多少は可能だと考えます。

いかに子ども達がするかを考え、できたかどうかを確認し、教師しかできない仕事をするという意識で仕事に取り組むことが大切です。

また、「子ども達はやりたがり屋」です。頼まれたり、募集されたりすると喜んでやってくれます。

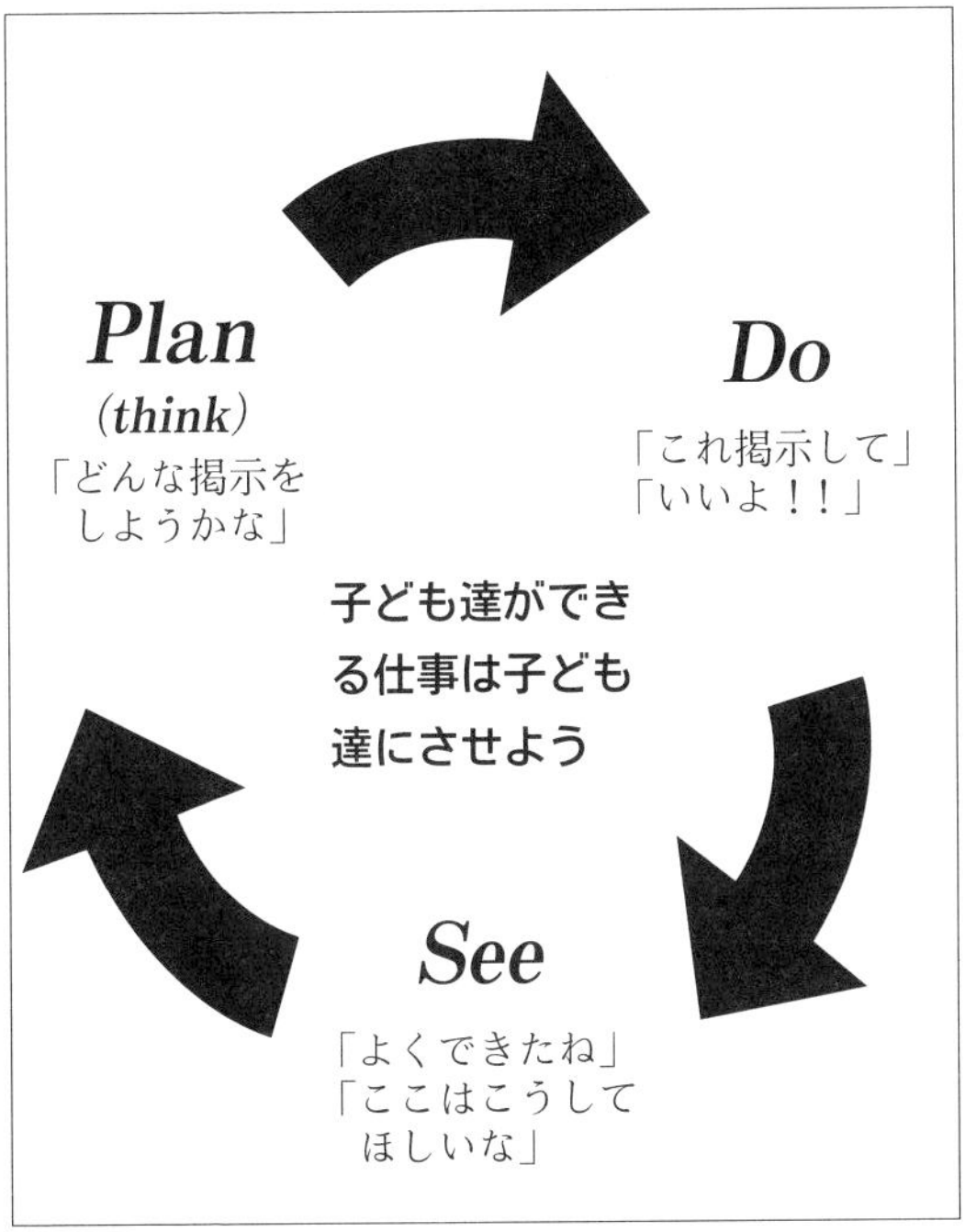
Plan
(think)
「どんな掲示をしようかな」
Do
「これ掲示して」
「いいよ！！」
See
「よくできたね」
「ここはこうしてほしいな」
子ども達ができる仕事は子ども達にさせよう

Point

・意識は子ども達との学級の共同経営です。

私の失敗例

子ども達だけに任せると大変なことになる場合もあります。最初は先生と一緒にさせて，子ども達に仕事を覚えさせていくとよいです。

リーダーを育てる

学級の中で子ども達の力を育むために、リーダーを育てていくことが大切です。リーダーを育てていけば、子ども達の自治的な力が身につきます。

私は、グループの中で、

- リーダー
- 副リーダー
- 学習リーダー
- 給食リーダー
- 掃除リーダー

などのリーダーを作ります。要は、全員がそれぞれのポジションでリーダーとなるのです。

私の場合、なかなかできていませんが、それぞれで集まってリーダー会議をさせている先輩の先生もいらっしゃいます。

リーダーは、班長という言い方もできます。意味はほとんど変わりません。それぞれの仕事や役割をもたせてリーダーとしての意識を高めていくようにしています。

私が今取り組んでいるのが、リーダーカードです。これは、野中信行先生の目標達成法

リーダーカード

（　　）グループリーダー（　　　　　　　　）

日	時間	声かけ	協力	静けさ

時間………時間を考えて行動できたか？
声かけ……声かけをしあって行動できたか？
協力………漢字学習などを協力してできたか？
静けさ……先生や友達が話すとき，静けさを守って話を聞けたか？
＊リーダーができたら○
グループもできたら◎
帰りの会終了後，先生の机の上に出します。
2週間後，ベストグループを発表！

を参考にしたものです。リーダーにカードを渡し、毎日を振り返るようにしています。これをある程度続けたら、グループカードを作って、それぞれのリーダーに役割をもたせようと考えています。

無理をしない授業づくりをめざす

初任の頃、毎時間、すべての授業の計画案を考えていました。夜二時を過ぎることもあり、ふらふらになりながら明日の授業を考えていました。もちろん、そういう状態では授業はうまくいくことはほとんどありません。

初任の頃の苦労が今につながっていると考えれば、気持ちも楽になります。でも、そこでつぶれてしまっていたら意味はなかったと思います。

研究授業のように多くの時間をかけて、身を削るように研究することも時には求められますが、毎日の授業は短い時間で効果的に計画する必要があります。

そこで、私は次の五点を考えて、授業づくりに取り組んでいます。

授業づくり① 基本スタンスをもつ

授業づくり②　長期・短期で計画を立てる
授業づくり③　発問・時間・板書の型をもつ
授業づくり④　定番と新規開拓
授業づくり⑤　学び合い

授業づくり①──基本スタンスをもつ

私の基本的スタイルは、日々の授業は、「フランス料理」ではなく、「お袋の味」です。

これは、佐藤学先生の『教育の方法』（放送大学教育振興会）から学んだことです。

つまり、手間隙かけて作り上げる「フランス料理」のような授業ではなく、お母さんが

研究授業は，フランス料理
・一流の材料（資料の厳選）
・一流の技術（発問の精選）
・一流の意識（限界に挑む）

⇕

普段の授業は，お袋の味
・今ある材料（教科書など）
・今ある技術（基本の発問）
・今できる力で（無理しない）

冷蔵庫にあるものを使って、作る普段の朝食や夕食のような授業をめざしています。教科書をメインとしながら、ちょっとした隠し味（変化）を入れた授業です。普段の家庭の料理のように、派手さはないが、栄養があり、力がつく。そんな授業を常にめざしています。

授業づくり②——長期・短期で計画を立てる

明日の授業だけを考えて、毎日過ごしていくと、とても苦しくなります。私はこれを「授業づくりの自転車操業」と呼んでいます。つまり、明日の授業が終われば、また明日というふうに、いつまでたっても、苦しい日々が続くのです。

そのため、授業を考える時、

- **長期的視野**
- **短期的視野**

の二つが大切だと考えています。

まず、明日の授業の用意をしながら、次の単元の計画やアイデア、イメージを少しずつ膨らませていく。一週間後、一ヵ月後と、長く広い視野で授業づくりの構想を練っていくことが、よりよい授業につながっていきます。

初任の頃は、目の前の授業に追われていました。明日の授業にこだわるばかりでは、ずっと授業に追われる状態が続いてしまいます。まさに、「授業づくりの自転車操業」です。そこで、二年目の時に思い切って、授業計画を大雑把なものにして臨んでいった思い出があります。

授業を創る時、私は、

①　まず、単元の流れを理解し、

②　発問など基本的な授業の進め方（型）を決め、

③　準備をする。

ことにしています。また、

明日の授業の準備は明日にしない。

を目標に、今学習している単元の途中から次の単元の計画を立てていきます。つまり、「先へ先へ」と授業の準備をしていきます。研究授業の準備になるとなかなかこうはいきませんが、普段の授業であればできるはずです。

私の漢字の授業の型

① 一人読み書き

② グループ交流

③ テスト

私の道徳の授業の型

① 予備発問

② 資料読み

③ 発問①②③

④ ふりかえり

私の社会科の授業の型

① 導入　3～5分

② 課題づくり　2分

③ 予想　3分

④ ひとり学習　5～7分

⑤ 交流(学び合い)　5～7分

⑥ 全体発表(一斉)　10～15分

⑦ ふりかえり(書く)　3分

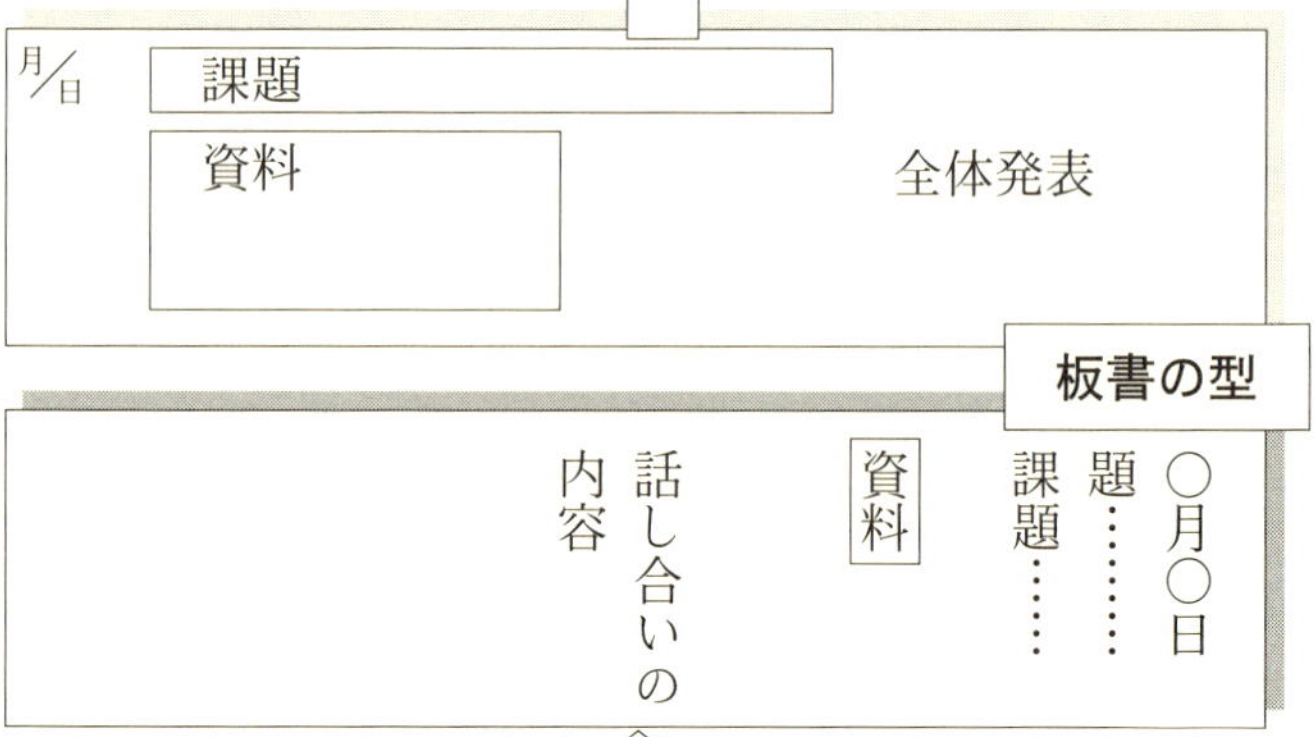
月/日
課題
資料
全体発表
板書の型
○月○日
題……
課題……
資料
話し合いの内容

発問・時間・板書

授業づくり③――発問・時間・板書の型をもつ

授業を創る時、私は、

① 発問

② 時間配分

③ 板書

を考えています。その中で、私は「授業の型」をもつように心がけています。

「授業の型」というのは、導入・展開・まとめという授業の基本的な流れに自分なりの授業の進め方を取り入れることです。この「授業の型」を意識するようになったのは、今の学校に来てからです。そのため、まだ数年しかたっていませんが、型をつくることは授業を創っていく上ですごく楽です。例えば、「道徳で発問は三つしか言わない」など、授業のルールを創っていくのです。

この「授業の型」に沿って、発問や時間配分、板書を考えていきます。板書も基本的な型を自分としてもっているので、それに沿って考えます。

また、時には「授業の型」を壊して授業をすることもあります。私はこれを「型破り」と呼んでいます。

授業づくり④——定番と新規開拓

授業づくりにおいて、

「定番と新規開拓を作りなさい」

と教えてくれたのは、京都橘大学で月に一度行われる「明日の教室」の研修会の第一回目のことでした。そこで、立候補して、模擬授業をして、京都橘大学の池田修先生や京都府立小学校の糸井登先生に名前を覚えてもらったのが、今の私の成長につながっています。

少し余談になってしまいましたが、つまり、授業づくりにおいて、

① 定番………自分がいつも取り組んでいる授業、得意な単元

② 新規開拓…新しい授業づくりや単元構成

の二つに分けて私は授業に臨んでいます。

常に新規開拓では、失敗の連続になってしまうかもしれません。しかし、定番だけだと飽きがきます。

- 授業参観は定番。
- 研究授業は新規開拓。

と考えている人もいると思います。新規開拓をして、それを定番化していけば、授業の力

はついていきます。

定番の授業
私のとっておきの授業
得意技な授業
いつも取り組んでいる授業
これなら自信がある授業
教師の授業力を高める
新規開拓の授業
新しい授業の形にチャレンジ
単元の構成を新しく
発問の仕方を工夫
新しい教材や授業研究

授業づくり⑤――学び合い

私は上越教育大学の西川純先生が提唱する「学び合い」の考えを、自分なりに取り入れて実践しています。

「学び合い」について説明すると語弊があるかもしれませんので、あえてくわしい説明は述べません。

しかし、「学び合い」が教師の多忙化を解消する大きな考え方であることは間違いありません。ぜひ、本やインターネットなどで「学び合い」について調べ、考えてみてほしいと思います。

私自身の「学び合い」の基本は、

子どもを信じて、

子どもに任せて、

子どもと共に学び合う。

ことです。(西川先生のお考えと多少違うかもしれませんが。)

学び合いの仲間やネットワークは大きく広がってきています。ぜひ、取り組んでみるとよいと考えます。

学び合いについて

① 上越教育大学 西川純研究室
http://www.iamjun.com/
http://manabiai.g.hatena.ne.jp/jun24kawa/

② 西川純先生の書籍紹介
http://www.toyokan.co.jp/osusume/nishikawa/nisikawa.htm
『学び合う国語—国語をコミュニケーションの教科にするために』東洋館出版 など

教師の多忙化防止は落ち着いた学級づくりから

落ち着いた学級を創る。これが何よりも教師の多忙化を防ぐことだと考えています。落ち着いた学級で子ども達が問題もなく（問題があっても前向きに解決することができれば）、教師にとっては精神的に追い込まれることは少なくなるからです。そこで、私は次の四点を考えて、学級づくりに取り組んでいます。

学級づくり①　私の定番
学級づくり②　学級だより
学級づくり③　「事」を大きく
学級づくり④　こだわりを少しずつ

学級づくり①——私の定番

担任として毎年、必ずこれはするという定番です。この定番に子ども達の様子を考えながら付け加えたり、アレンジしたりして取り組んでいます（次ページの上を見てください）。

私の定番の学級づくりのアイデア

⑴　「今日（今週）のヒーロー」

・帰りの会で，今日クラスのためにがんばった人を発表し，大きな拍手を送る。
・１週間の最後にふりかえりをし，今週がんばっていた人を一人取り上げ，その理由を書く。

⑵　目線・姿勢・静けさ

・しっかり見ている（目線），姿勢よく聞いている（姿勢），心を込めて，静かに聴いている（静けさ）人をほめる。

⑶　学級だより

・学級だよりを毎日発行し，子どものよさを取り上げる。

⑷　グループ活動

・グループで協力する場を増やし，協力する力を育てていく。

「１テーマ，30分以内で，子ども達とつくる学級だより」の10の約束

①　とにかく，書くことを「楽しむ」。
②　目標は毎日出して 200 号。
③　30分以内で書いて15分以内で読める。
④　イラストは入れない。
⑤　多くのテーマで書かない。
　・行事の感想
　・１週間のふりかえり
　・学習感想　など
⑥　子どもが書いたものを多く載せる。
⑦　先生のコメントは少なく。
⑧　デジカメで取った写真を入れる。
⑨　書ける時に何日分も。
⑩　なるべく子ども達と一緒に読む。

学級づくり②――学級だより

私は、初任の頃、学級づくりにとても苦労しました。子ども達は話を聞いてくれず、問題をたくさん起こしました。そこで、取り組んだのが学級だよりです。毎日書いていくうちに子ども達も落ち着くようになりました。

学級だよりを毎日書いたから、子ども達が落ち着いたわけではありませんが、きっかけにはなったと思います。

しかし、学級だよりを毎日出していると言うと、大変驚かれる人がいます。

「先生、寝ていないんじゃないの？」

と心配してくれた保護者のお父さんもいました。

実は、毎日出してはいるのですが、毎日書いてはいないのです。

これが毎日続けられる秘密です。

時間が空いた時や休みの時などに、数日分書くのです。そして、学級だよりはシンプルを心がけ、三十分以内で書けるものをめざしています。これが毎日出すことにつながっています（68ページの下をご参照ください）。

学級づくり③――「事」を大きく

「何か問題が起きたら……」

教師なら誰でも思うことです。しかし、問題は必ず起きます。そして、その問題を一人で抱え込むとより追い込まれ、二次、三次と問題が広がっていきます。

「事」を大きく！

これが私の問題が起きた時の対処の方法です。教頭先生や主任の先生、そして先輩の先生に、

「こんなことがあったんですよ」

と悩みを打ち明けたり、相談したりします。

・報告
・連絡
・相談

と三つ合わせて、「ホウレンソウ（報・連・相）」という言葉がありますが、まさにホウレンソウを多くの人にしていくのです。

問題が起きた時ほど、色々な人が知るという環境を作っていくのです。

まさに、「事」を大きくするのです。

こうすることによって、例えば、よいアドバイスをくれたり、一緒になって対応したりしてくれます。

若い先生は一人ではないです。みんなで問題に取り組んでもらうのです。まさにアライアンスの考えです。

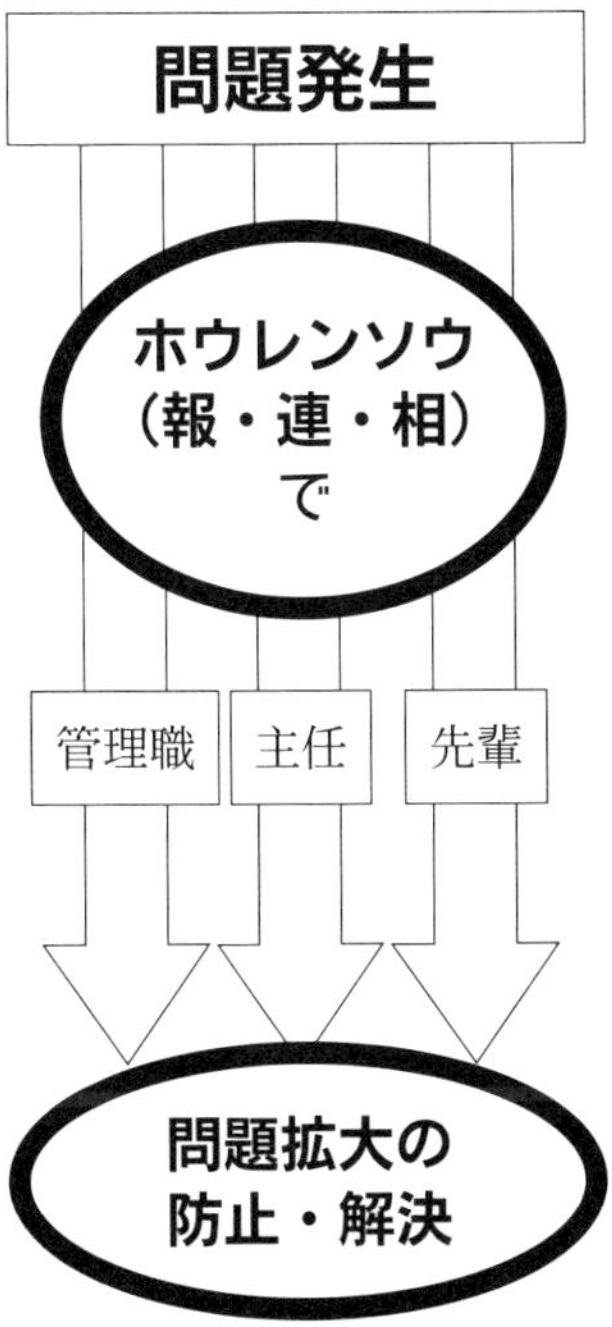
問題発生
ホウレンソウ
（報・連・相）
で
管理職
主任
先輩
問題拡大の
防止・解決

学級づくり④――こだわりを少しずつ

学級担任になると、

「こうしたい」

「これをやってみたい」

と思うことが増えてきます。

また、問題が起きると、

「これをしないといけない」

「どうしよう。これを解決しないと」

としなくてはいけないことが増えてきます。

こうなると、仕事を山のように抱えこんだ気持ちになってしまいます。私自身、こうした「学級担任としてのこだわり」が増えてきてしまうことが多くあります。

しかし、「学級担任としてのこだわり」が多くなればなるほど、子ども達にとっては負担が多くなり、逆にうまくいかないことがありました。

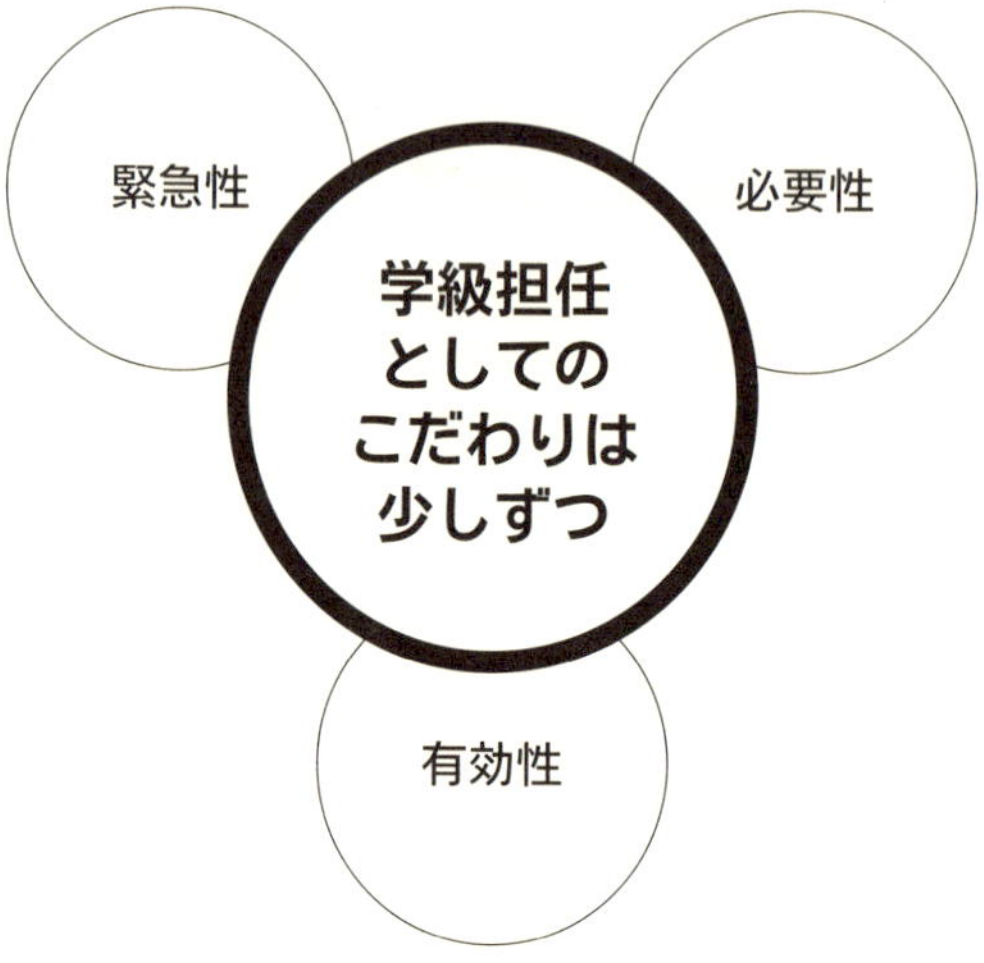

そこで、「学級担任としてのこだわり」を少しずつ行うことを意識して取り組んでいます。緊急性はあるか、必要性はあるか、と自分自身に問いかけ、実践を行っていきます。まずは、考えること。それが学級づくりの基本だと考えています。

朝の会はショート＆ロング

この方法は、職場にいた先生が実践されていたものです。朝の会や帰りの会などは、行事などがあると、時間がなかなか取れません。朝会などで時間を取られた後、また、朝の会を始めると一時間目の開始が遅れてしまうことが以前にありました。

そして、見つけたのが、**どうしても忙しい時はしない内容を決めておく**ことでした。

例えば、

- あいさつ
- 健康観察
- 先生の話

は、必要ですが、

- 歌

朝の会

宿題は，朝の会が始まる前に，グループで確認して出します。

○あいさつ
●歌
○健康しらべ
●言葉のトレーニング
●めあての確認
○先生の話

時間がない時は，○だけ行う。（ショート）

帰りの会

机といすをそろえているか，必ずグループで確認して帰ります。

○あいさつ
●歌
●めあての確認
●係などの連絡
●今日のヒーロー
○先生の話
○あいさつ

時間がない時は，○だけ行う。（ショート）

○は必ずすること。
●は時間がない時はしないこと。
　ただし，状況に応じて内容を少し変える場合があります。あいさつと先生の話だけの「スーパーショート」は子ども達に大人気です。

・係活動、お知らせ

などは、必ずしなければいけないということはありません。

私はこの方法に名前をつけ、通常はロング、忙しい時はショートと呼んでいます。

「今日はショートですか、ロングですか」

「ショートで」

といった会話は私のクラスの恒例です。

掲示物はシンプルにわかりやすく

研究校などに行くと、たくさんの教室掲示があることに驚かされます。先生方の努力に感心し、がんばらないといけないという気持ちになります。

しかし、普通の学校の先生の私にとって、なかなか多くの時間を掲示物にかけられないのも現実です。研究授業など、ここぞという時は必要ですが、正直、毎日は無理です。

そこで、

・少ない時間で

・わかりやすく

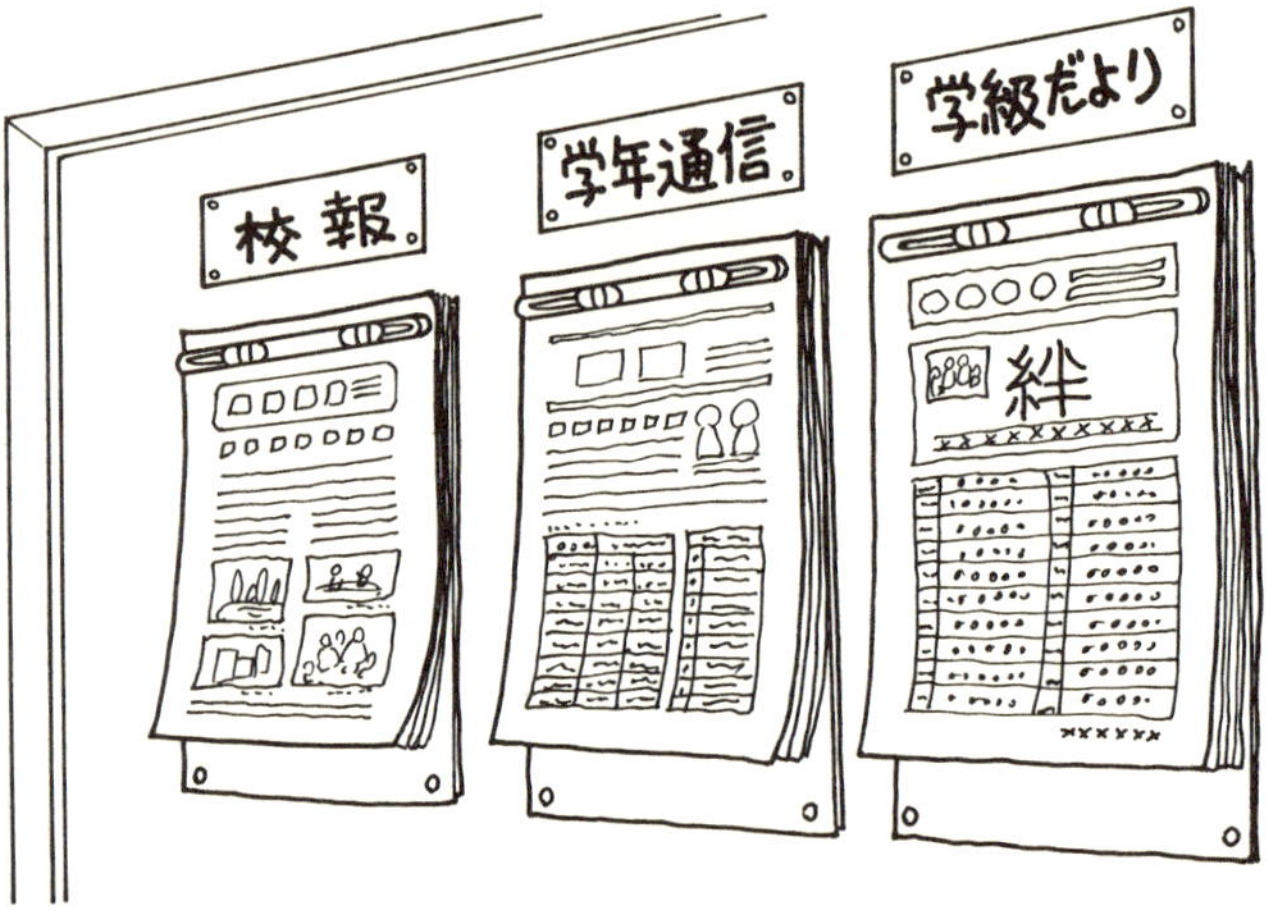

・ファイルを画鋲でとめて掲示しています。こうすると，簡単に掲示できます。またクリアファイルも効果的です。

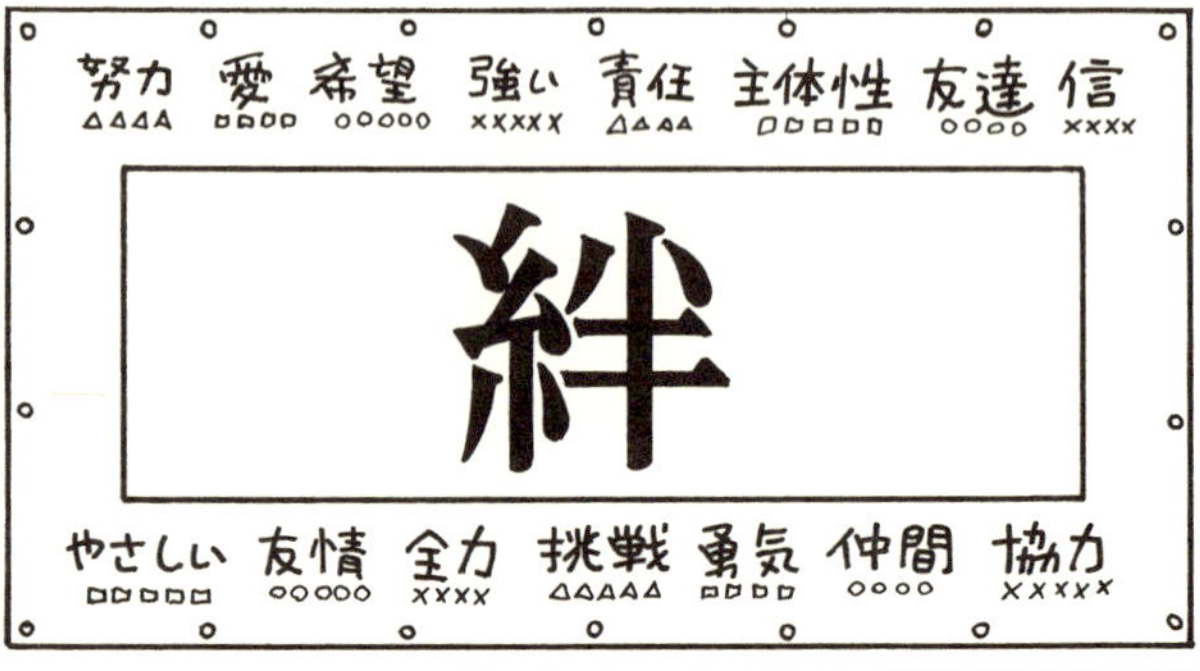

・2009年のクラスのめあては，拡大コピー機で大きくしたものを貼り付けました。空いた部分に子ども達一人ひとりの言葉を書いています。

・シンプルな

教室掲示をめざしています。

効果的なものは、ファイルです。ファイルを画鋲でとめて掲示すると、見栄えがよく、つけたり、はずしたりすることがとても便利です。

子ども達と教室にいる時間を濃厚に

「子ども達と教室にいる時間を濃厚にする」

この意味は二つあります。

> **① 子ども達とのふれあい、関わり合いを大切にする。**
> **② 子ども達がいる時間に仕事に力を入れる。**

よく考えられるのは、①の方だと思います。しかし、②も実は大切だと思います。

私が初任の頃、子どもに付きっきりで、テスト、プリントの採点やノートのチェックを放課後にしていました。これが、仕事をためる原因にもなりました。また、私の後輩は机

の上をノートの山にして、よくまわりから、

「山が崩れる」

と言われていたのを覚えています。

つまり、その場でノートを見たり、宿題のチェックをしたり、採点したりと、子ども達がいる時間に取り組むことが大切であり、そのための環境づくりが必要です。

子ども達がいる時間を濃厚に
—私が心がけていること—

① 宿題を昼休みまでに見る。
そのために
- 誰が出していないかわかるように
- すぐ見ることができるように
- 工夫や努力を怠らないように

② 給食の時間を活用する。
- 日記を見る。
- 学級だよりの素案を書く。
- リーダーやクラスに指示をする。

③ 昼休みは子どもと遊ぶ。
- 時間をなくしてあえて追い込む。
- 子どもとの関係を深める。

宿題の出し方

私は宿題を効果的に取り組ませ、かつ、チェックがしやすい方法を常に考えてきました。私の最初の実践も宿題の方法でした。

宿題の最終的な目的は、「自己学習力（家で計画を立て、自分で取り組む力）」だと考えています。そこで、現在、取り組んでいる宿題の方法を紹介します。

私が現在勤務する学校では、ドリルに二回以上取り組むことが、宿題の大きなメインとなっています。そして、ドリルカードを作成し、そのドリルカードにやったところを書いて次の日に出すという形になっています。

私はこれに、終了までの曜日を書き込み、一カ月ごとに課題締め切りを設けています。

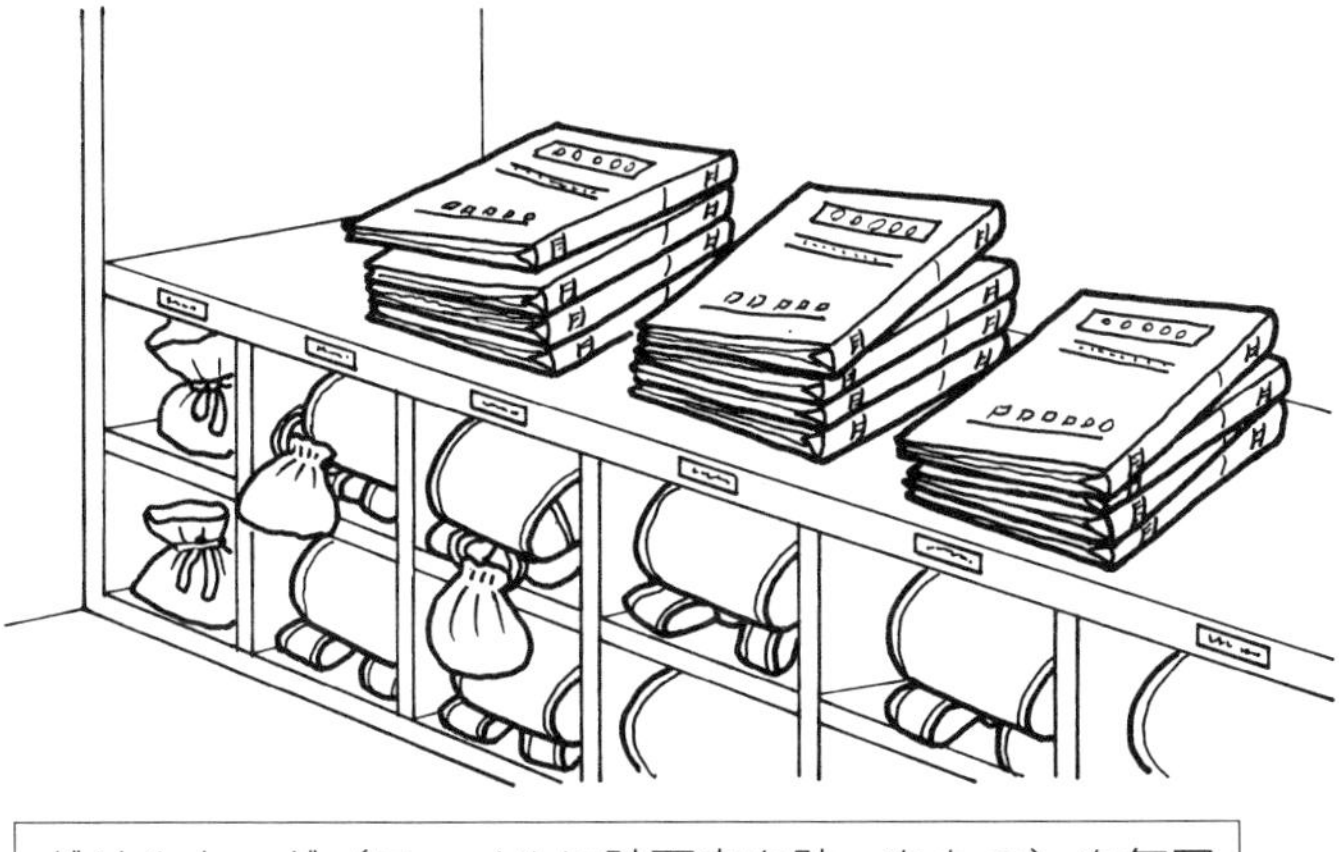

ドリルカード（ファイルに計画表を貼ったもの）を毎回提出する。

漢字ドリルチェック表　1学期

☆漢字ノートに一人で素早く、ていねいに書くようにする。

ねん	くみ	なまえ

	番号	1回目	2回目
復習	2		
カレーライス	3		
	4		
	5		
	6		
	7		
	8		
漢字の形と音・意味	9		
	10		
	11		
	12		
	13		
	14		
生き物はつながりの中に	15		
	16		
	17		
	18		
	19		
	20		

	番号	1回目	2回目
短歌・はいくの世界　くらしの中の言葉	21		
	22		
	23		
	24		
	25		
	26		
	27		
	28		
ガイドブックをつくろう	29		
	30		
	31		
	32		
	33		
	34		
学級討論会をしよう	35		
	36		
	37		
	38		

	番号	1回目	2回目
森へ	39		
	40		
	41		
	42		
本は友達	43		
	44		
	45		
	46		
漢字のまとめ　漢字のたしかめ	47		
	48		
	49		
	50		
	51		

■は自主学習

提出締め切り
①4月30日木
ドリル**16**まで

提出締め切り
②5月28日木
ドリル**33**まで

提出締め切り
③6月25日木
ドリル**46**まで

最終提出締め切り
④7月10日金
必ず、この日までに終わらせて、提出！

ドリルカードで計画を立てた学習を。

その締め切りまでにできた子にはシールなどを貼り、表彰するようにしています。また、子ども達には、

「日付はあくまでも予定。どんどん計画を立てて進めてよい」

と話をしています。

こうすることで、子ども達は、自分で計画を立て、二回、三回とドリルを進めていくことができます。また、チェックもハンコなどを使って時間をかけないようにしたり、前頁のイラストのように、提出場所を決めたりして、煩雑にならないように工夫しています。

プリント集めに美学を

プリントやテスト集めに、教師としての仕事術が見えると思います。集めたり、配ったりすることにしっかりとしたルールや方法があればあるほど、時間が短縮され、スムーズに学級が経営されていきます。私は、「プリント集めにこそ、美学を」と考えています。

テスト……名簿順に出す。

ノート……グループで出す。

プリント…グループで出す。

と私のクラスでは決めています。テストは、出す時に、名簿順に出すように話をしています。

最初は、なかなかうまくいかないこともあり、指導が必要ですが、慣れてくれば、採点、評価が楽になります。

また、ノートはグループごとで出すように指示しています。それぞれ教科などによって、集める人も相談して決めています。こうするとグループの協力もでき、誰が出していないかすぐわかります。（グループ全員のものを集めてから出すようにと話をしています。）

プリントも同様ですが、提出が心配な場合は、子どもに手伝ってもらい、枚数などを確認します。出していない人のおかげで多くの時間をあとで取らないためにも最初からしっかりとしていきます。

ただし、学年によっては、なかなか定着しないことがあります。全員集めたつもりで、一人なかったり、名前が書いていなかったりするとがっかりします。

だからこそ、子ども達に提出についてはしっかりと指導しておかなくてはいけないと考えています。子ども達にとっても、こうした提出を守ることは大人になった時に役立ちます。

プリント集めに美学を。

でいきましょう。

何分で宿題・テストを見るか

宿題やテストの採点を何分で見るかを測りながら取り組んでいます。これをすると、次の仕事への予定が立てられるのです。宿題やテストの採点に追われることなく、追うつもりで取り組んでいきたいと思っています。

仕事時間を把握する（例）

①　宿題
１人１分…約40分

②　日記
１人30秒〜１分…約30分

③　テスト採点
１人１分〜１分半…約40分

この時間を，子どものいる時間の中の隙間の時間に組み込ませて行っていく努力をする。

コメントの量や内容のスタンスを決める

コメントを多く書くと、だんだん苦しくなることがあります。そのため、自分なりにコメントの量や内容のスタンスを決めておくことが大切だと思います。

コメントの量や内容を決める

① 日記

1，2行のコメント。ただし，相談についてはたくさん書くように心がける。

② ノート

マークやハンコなどを工夫する。または，good などを入れる。

③ プリントなど

コメントには必ず，よかったところを書くように心がける。

第4章　時間術で余裕を創る

「ふう」と息をつく前に

職員室に戻ってきた時、「ふう」とため息をついたら、もう仕事をする気持ちがだいぶ落ちてしまいます。さらに、お菓子を食べて、お茶でも飲んだら、仕事がまずできなくなるでしょう。

しかし、こうしたことは意外に多くあります。

私はスーパー教師ではないので、よくこうした「ふう」をやってしまいます。そして、だらだらと時間を過ごすことになってしまうことがあります。

これは、なかなか克服できません。やはり、疲れています。「ふう」と言いたくなります。

では、どうすればいいか。

それは、「ふう」と息をつく前に、一つか二つ仕事をするのです。息をぐっとためて、一気に取り組んでから、

「ふう」

とため息をつきます。

こうすることで、たまっていた仕事が少し減ります。

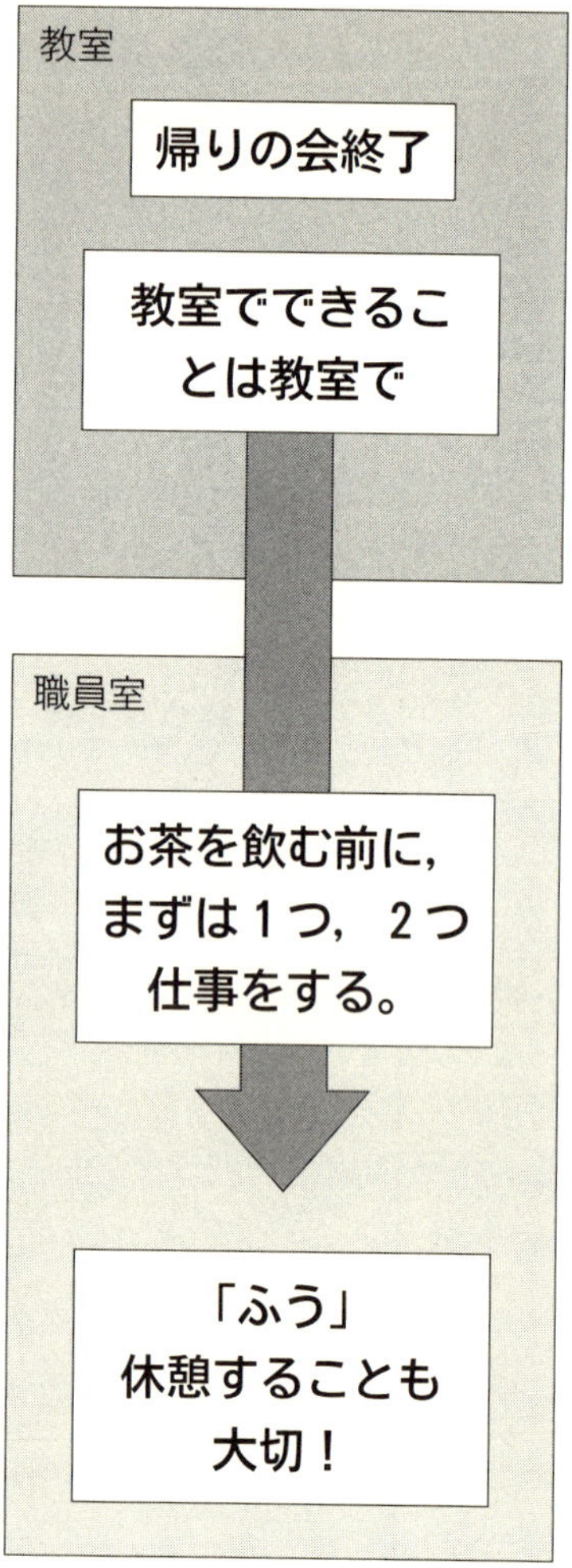
教室
帰りの会終了
教室でできることは教室で
職員室
お茶を飲む前に，まずは１つ，２つ仕事をする。
「ふう」休憩することも大切！

職員室に戻らない

「ふう」と息をつかないためにどうすればいいか。

さらに名人芸があります。それは職員室には戻らない方法です。

これは、山中伸之先生（『できる教師のすごい習慣』学陽書房）が実践されているものですが、ある程度の仕事をするまで、職員室には帰らないのです。

職員室には、

- おしゃべり
- おかし
- お茶

という、三つの「お」が待っています。

この「お」に一度入ってしまうと、なかなか仕事に打ち込めません。さらに、飲みに行こうと誘われてしまうと、四つ目の「お酒」という、一日の仕事ができなくなってしまうものまであります。

職員室には
　おしゃべり
　おかし
　お茶
3つの「お」がまっている。

↑

教室など，職員室以外で仕事をすることも一つの方法。

そのため、教室でできる仕事を片付けてから職員室に戻るという方法はとてもよい方法です。

ただし、会議などを忘れているとひんしゅくを買ってしまいます。しっかりとしたスケジュール管理が必要です。

来た仕事は「すぐ」

実は、私はこれがなかなかできません。でも、これをすれば、もっと仕事が楽になると思います。それは、
来た仕事は「すぐ」

するということです。

もちろん、「TO DO リスト」などで緊急性があるかどうかを判断する必要がありますが、ちょっとしたサインや簡単な感想などは、すぐ書いて出したほうが、後で「どこにあったかな」と探したり、思い出したりして苦しまないですみます。

来た仕事を「すぐ」できる人は、本当の意味でできる人だと思います。

仕事ができる人は判断が早く、的確な人だと言えます。

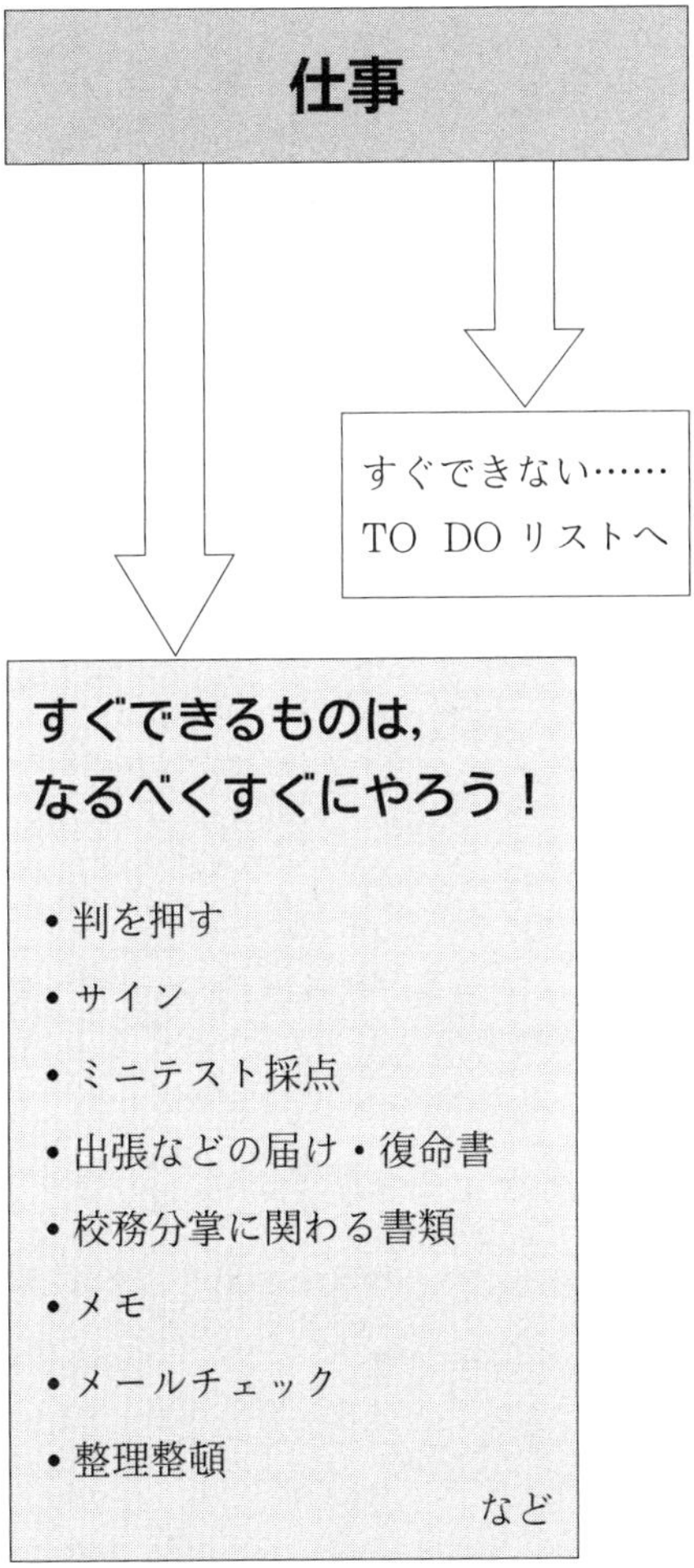
仕事
すぐできない……
TO DO リストへ
すぐできるものは，
なるべくすぐにやろう！
・判を押す
・サイン
・ミニテスト採点
・出張などの届け・復命書
・校務分掌に関わる書類
・メモ
・メールチェック
・整理整頓
など

「だいたいでよい」にこだわる

仕事を完璧にしないこと。

これが、教師の仕事をしていく上で大切なことだと考えています。

初任の頃は、完璧をめざしていました。色々と言われたくないからです。しかし、この仕事に完璧というものはないと思います。それぞれの先生によって見方は大きく変わります。例えば、運動会で、ある種目を廃止すべきだと主張する先生もいれば、反対に継続したいと考える先生がいるようにです。

そのため、「だいたいでよい」にこだわることが大切だと思います。だいたいで仕事をしておいて、後で指導やアドバイスをもとに、みんなでこだわって高めていけばよいと思うのです。

ただし、「だいたいでよい」ではいけない仕事もあります。例えば、通知表が「だいたい」では困るのです。精密にかつ、丁寧にする仕事も多くあります。これをしっかりしないと他の人が迷惑します。（いつも迷惑をかけてしまってごめんなさい。）

つまり、仕事に強弱、軽重をつけることが大切ということです。

「若くて真面目で優秀な人」ほど、私はつぶれるのではないかと思います。でも、初任のやる気いっぱいの先生にはそういう方が多い気がします。

「完璧をめざそうとせず、苦しまない。今できるところまでやろうよ」

それを、多くの若い先生方に伝えたいと思っています。

きっちりやるべきところはしよう

「だいたい」にこだわりながら、きっちりやるべきところはするとよいでしょう。

どういう意味かというと、あとで、問題になったり、時間のロスになったりすることは、最初からきっちりやるべきだと思うのです。

例えば、私の場合、出席簿がなかなかうまく書けません。よく間違えてしまうのです。それを点検係の先生に指導を受けて、またやり直しをしてというように、多くの時間をかけてしまいます。

そこで、最近は、鉛筆で書いて見せて、点検をしてもらってからペン書きをしています。これは、時間のロスのように見えますが、やり直しや訂正が減るので、結果的には時間を減らすことができます。あとで困らないために、時間をかけることが大切なのだと、日々考えています。

仕事に時間の軽重と意識の軽重
（だいたいときっちり）を。

だいたい

- 学習指導案（ただし何度も書く。）
- 授業計画
- 校務分掌の準備
（提出や最後はきっちりと。早めにやってだんだん詰めていく。）
- 打ち合わせ
（確認すべきはきっちりと。）

など。

きっちり

- 調査などの提出資料
- 成績関係
- 個人情報関係
- 校務分掌で職員会議提出
- 保護者への対応
- いじめなどのトラブル

など。

あとでかかる時間も考えておく。

昼休みの時間を自ら奪う

私の教室には，「長瀬先生と遊ぶ昼休み」という掲示をしています。昼休み，なるべく多くの子ども達と遊ぶようにしています。

長瀬先生と遊ぶ昼休み

月　女の子達と遊ぶ

火　ハンドベース・ドッジボール

水　仕事またはサッカー

木　サッカーまたはハンドベース

金　女の子達と遊ぶ

＊遊び予定が変わるときがあります。

＊宿題や日記がつけられなかったりして，急な仕事があったりしたらごめんなさい。修学旅行の準備が始まると，ほとんど遊べません……。よろしく！

＊遊びにきたら，必ず先生を入れること！

こうすることで，時間を自ら奪っています。

「自分を追い込む行為じゃないか」

と思う人もいると思います。

しかし、こうすることによって、時間を見つけようと必死になるのです。時間があると、逆に仕事ができないことはよくあります。だから、少し自分に負荷をかけるのです。

ただし、多少は仕事をする日も入れたり、子ども達に断ったりします。守れない約束はしてはいけません。

子ども達（この文を書いている時点で、担任は六年生）は、この掲示を見ていないように思えました。しかし、実はしっかりと見ていて、何気なく誘ってくる女の子もいます。おかげで多くの子ども達と関係ができてきています。子どもと遊ぶことは、大事な仕事の一つですね。

仕事をふる

「一人ではできません。ごめんなさい。手伝ってくれませんか」

初任の方は勇気をもって言うことが大切だと思います。

「仕事をふる」ことはなかなかできません。みんな忙しいですから。

しかし、「つぶれないこと」が一番大切です。一緒に手伝ってもらえばいいのです。

また、よく考えてみると、時間がある先生もいるのです。

「先生、すみません。印刷していただいてもよろしいですか。」

「明日の授業で提示するものを作っていただけるとうれしいのですが。」

と頼むことが大切です。少人数や担任ではない先生方にお願いするのも一つの方法です。

つまり、時には甘えることが必要なのです。私は先輩から「不器用な後輩」とよく言われていました。本当に不器用だったのです。一人でできないくせに、うまく言えず、自分で何とかしようとして仕事を増やしていました。その点で、頼み上手になることが必要です。不器用に一人でやらないことが大切です。

細切れの時間に集中する

細切れや隙間の時間に徹底的に集中するのです。五分でも一分でも仕事をしていく気持ちを持っていくのです。

一円を笑うものは一円に泣く

ということわざがあります。まさに、

一分を笑うものは一分に泣く

だと考えています。

隙間時間にガンガン仕事をしていくことは、精神的に仕事に対して攻めていく気持ちになります。逆に、仕事に追われ、受身になるとつらくなります。だからこそ、隙間に仕事を入れていく感じでガンガンいきたいと思っています。

時間を短縮できる道具を揃える

時間を短縮できる道具を揃えることは、教師の多忙化を防ぐ大切な方法です。

例えば、「テプラ」などのネームシール作成機を買っておけば、学校でわざわざ作成する必要もなくなります。

私はかって、横浜市で小学校の教諭をしていました。本当に大変な日々でしたが、問題の一つは通勤でした。

その頃、学校への通勤は車では

「テプラ」PRO SR52
（キングジム）

学校にもあるネームシール作成機。ファイルに名前を貼るなど，様々な用途に使うことができます。

なく、電車とバスでした。一時間ほどかけて、通勤するのです。時にはラッシュなどにも巻き込まれ、座れず、心身ともに疲れ果てた思い出があります。

そこで、考えたのが、通勤時間の短縮でした。少し歩いて家から離れたバス停に行くのではなく、近くの駅から東急東横線に乗り、横浜駅（始発駅）からバスに乗るのです。そうすると、時間の短縮だけでなく、座ることもでき、読書もできるようになりました。こうしたちょっとした工夫がその後楽しく勤務できた理由の一つと考えています。

時間を短縮できる道具

住まい
学校にほどよく近く

車
通勤を快適にそして短く

パソコン
仕事を早く正確にできる

バッグ
使いやすいかばんを

ジャージ
動きやすく，かっこよく

筆記用具
使いやすさが仕事を変える

デジタルカメラ
記憶を早く正確に残す

読書
読書をして仕事術を身に付ける

ちょっとした道具のちょっとした使い方が時間の短縮に！

このように、時間を短縮できる道具を揃えたり、方法を考えたりすることはとても大切です。

デジタルカメラを効果的に

デジタルカメラは、ただ写真を撮るだけはありません。

私の場合、

- 板書を記録としてデジタルカメラで撮る。
- 提示資料をデジタルカメラで撮り、カラー拡大印刷する。

ことを、子ども達の様子を撮る以外の使い方として取り組んでいます。

とくに、提示資料をデジタルカメラで撮る方法はおすすめです。この方法は、先輩の先生に教えていただいたことですが、例えば、天智天皇の顔を授業中に掲示したい時、スキャナーなどを使うと時間が多くかかります。そこで、デジタルカメラで撮り、エクセルやワードに貼り付け、まわりをトリミングします。後は拡大して印刷すればできあがりです。

また、子どもの様子をデジタルカメラで写し、学級だよりに載せるのもよい方法です。早く、簡単で、多くの保護者の方からも様子がわかると好評です。

デジタルカメラでおおまかに撮影。

ワードやエクセルに貼り付けトリミングでまわりを取る。

拡大印刷すればできあがり。

自分の仕事のペースを把握する

教師のための時間術は、これが正しいという方法はないと思います。要は教師である自分自身が一番よい方法を探ればよいと思うのです。私の方法が合わない人もいれば、合う人もいると思うのです。「ピーン」と感じたところを取り入れてくだされればよいと思います。

大切なことは、自分のペースを把握し、自分に合った時間術を作り出していくことだと思います。

今、自分は何に困っているのか。

どうすれば、仕事を減らすことができるか。

原因を探すのではなく、方法を考えることが必要です。

初任時代と比べると、少しは自分の仕事のペースが速くなってきた気がします。仕事に軽重をかけられるようになってきました。しかし、まだうまくいかないところもたくさんあります。不安で一杯なのです。そうした中で、自分の仕事のペースを探りながら、常に仕事をしています。

一週間、一カ月先を見つめる

一週間、一カ月先を見つめることは極めて大切だと思います。どんどん先を見つめて仕事をしていくのです。

例えば、成績処理や通知表の提出はある程度日にちがわかっています。だから、早めに始めるのです。私は仕事が遅く、不器用ですので、早めに早めにという気持ちで、取り組むのを早くしています。

私自身初任の頃は、目の前の仕事しか見えませんでした。それがだんだんと視野が広がってきた気がします。ちなみに、私の家族は教育関係者が多いのですが、私の父が定めた家訓は「十年後を見つめる」です。ずっと先を見通しながら、学級を創り、学校を創っていくという気持ちが大切ですね。

帰る時間を決める

帰る時間をあらかじめ決めておいて仕事をすると、仕事に時間的な制約をかけることができます。

ベストは、終業時刻五時です。（多少県によって違いはありますが。）

しかし、これはなかなかできません。

私の場合は、

春夏は八時。

冬は七時。


と決めています。

意外と遅いと思われるかもしれません。しかし、ここに私の意図があります。

なるべく、この時間より早く帰るのです。

つまり、

「よし、今日は七時に帰れた。一時間、時間が得できたぞ」

というように、自分を前向きにとらえるのです。

以前は、「五時きっかり」をめざしていました。しかし、それが逆に重荷になってしまい、仕事が苦しくなってしまったのです。

だから、自分なりに勤務時間を設定して帰るようにするのです。そして、ゆとりを持ち、精神的に仕事に追い込まれないようにします。

家に仕事を持ち帰ることもあります。

最近では、個人情報守秘の観点などから、仕事の持ち出しが厳しくなり、家ですることが難しく、家庭のある先生たちを苦しめています。教育委員会などは、そうした「子もち」や「家庭のある」先生を大切にするようなシステムを考える必要があります。

そうしないと、教師の希望者は減っていくでしょう。

家で仕事する時も際限なくやってしまうとつらくなります。時間的な制約や好きな仕事だけするなど、工夫を持って取り組みたいものです。

早く帰る理由をつくる

職場の状況によりなかなか帰れない場合があります。初任の方など、若い先生にとって、学年主任の先生がいたり、先輩の先生がいたりすると帰りづらいものがあります。

そういう時は、早く帰る理由をつくるのです。

例えば、病院や習い事、買い物など、どうしても学校を離れる必要があることを作りましょう。そうすれば、帰りづらさが少なくなります。また、出張の後に学校へ戻らないことも大切です。家本芳郎先生の『いきいき教師の仕事術―仕事サボリの教職学』（学事出版）がおすすめです。様々な方法が書かれているので、ぜひ、参考にしてください。

読書の時間見つけ術

「忙しい中、読書ができない」

と言う人がいます。これは多くの著名な方が指摘していますが、

「読書をしないから忙しい」

のです。

読書を五分でもする時間は絶対あります。

読書をすれば、教師として成長します。そして、ゆとりも生まれます。読書を通して、教師としての生活を豊かにしていくことが大切だと思います。

しかし、

「疲れていて、なかなか読めない」

そんな声をよく聞きます。たしかに、教育現場にいると、仕事の多忙さによって疲れてしまうことも多くあります。

しかし、ここで考えてほしいのは、

「たくさんの時間を使って読書してはいけない」

ということです。つまり、

「さりげなく」

が大切です。一日のうちで、何気なく過ごしている時間を読書にあてはめればよいのです。

細切れの何気ない時間がとても効果的です。

私の場合、どうしても朝は忙しいので、夜に「さりげなく」読書をしていますが、朝の読書も効果的です。

私の「さりげなくリスト」は以下のようになっています。

・夕ご飯の準備…湯をわかしている間（三分）

例えば、こんな時、本が読めます。

・お風呂のお湯を入れている間（五分）
・トイレ（五分）、寝る前（五分）

合計すると、だいたい二十分は読書をしていることになります。私がするのは、料理をしながら読書をする方法です。お湯をわかしたり、煮えるのを待っていたりしている時に本を読みます。本当に少しですが、細切れの時間があるからです。

今は車通勤ですが、バスでの通勤の頃は、往復で四十分ありました。そこで、行きの時間を読書に当てていました。そうすると、四十分は読書することが可能です。

他にも、会議が始まる少し前の時間を使って読書をしたり、病院などで待つ時間に読書をしたりすることも可能です。これは、岩手県公立小学校の佐藤正寿先生から教えていただいたことです。

こうした時間はわずかですが、一年を通して考えると、とても大きな時間になります。何もしないでただ待っている時間を、意識して読書に当てていくということが大切です。それが「時間を見つける」ということです。

また、読書のための時間をつくるためには、場所を変えるということが大きなポイントです。京都府の小学校教師の糸井登先生は、本当に多忙な先生ですが、少しの時間を見つけて、喫茶店で読書をされているのです。

少し空いた時間や何かの研修会が終わった後、喫茶店に行くことがあります。そうした時間に読書をします。こうすると、時間をわざわざ見つけて、家で努力して読もうとしなくても、リラックスした状態で事前に読書に打ち込めます。

家であれば、読書をしようと思っていても仕事が目に入ったり、家族との関わりがあったりして読めません。そのため、喫茶店などで、読書をすれば、自分の時間ができ、落ち着いて学ぶことができます。

忙しい時ほど、場所を変える。それが、教師としての読書には欠かせない方法の一つです。

また、場所を変えることは、家の外に出ることだけではありません。

読書に打ち込める書斎があればいいのですが、書斎だけではなく、

- ベランダ
- お風呂
- トイレ

・食卓

など、自分で読書スペースをつくってしまいましょう。読書をするために、時間を見つけようとするだけではなく、場所を見つけようとすることが効果的な読書術になっていきます。詳しくは、拙著『若い教師のための読書術』（ひまわり社）を参考にしてください。

ジムや習い事の効用

また、スポーツジムや習い事も大切です。

体を使ったり、仕事とは違うことをしたりすることは、リフレッシュにつながり、仕事の効率もよくなります。

何よりよいことは、ジムや習い事をすれば、早く帰らざるをえない状況になります。ただし、スポーツジムに入っていても、なかなか帰れない若い先生もいます。そのため、あらかじめ予定を入れておくことで、時間内に仕事を終わらせることができるようにしておくとよいと思います。

朝に仕事をする生き方

朝に仕事をする先生がいます。多くの優秀な先生はそうだと思います。五時に起きてどんどん仕事をする先生もいます。朝早く起きると、

- 脳の回転が速くなる。
- 静かで仕事がしやすい。
- 集中してできる。
- 時間的制約がある。

など、よさがたくさんあります。

ただし、初任の先生や若い先生に言いたいのは、

「早く寝る」

ことです。早く寝て、体調がよいことが条件になります。

私の場合、なかなか朝型人間にはなれませんが、がんばっているところです。

時間をお金で買う

「時間はお金で買えない」

というCMがかってありました。

私は、

「時間はお金で買える」

と思っています。

つまり、時間を短縮する道具を買うのです。

例えば、私はパソコンを数台所有していて、用途に応じて使い分けています。また、先ほど述べた「テプラ」などのネームシール作成機も買ってしまいました。こうした道具は少し高価ですが、時間を短縮することができます。将来的に見れば、とても効果的な道具なのです。

また、本も同じことが言えます。

たくさんの本は一見、もったいない気がします。しかし、本を読み、実践に生かしたり、仕事に応用したりすれば、価値はあるのです。

かつて、佐藤正寿先生に、

「かならず（本を買った）マイナスはプラスに変わるから」

と言われたことが印象に残っています。

研修やサークル活動も同じです。初任の頃、サークルなどで知り合った人に飲みに誘ってもらったり、励ましてもらったりしました。

無駄だと思っているようなことや少し高価だと感じていることが、結果的にはとても大きな財産になる場合があります。

時間と優しく付き合う

時間術を身に付けようとして、逆に無理にがんばってしまっては意味がありません。

『がんばらないで成果を出す37の法則―アライアンス人間関係術』（ビジネス社）の平野敦士カールさん曰く、

「がんばらないで、がんばる」

ことが大切なのです。

自分を追い込まないこと。つまり、

「時間と優しく付き合う」

ことをめざしていきましょう。

時間に追い回されるのも嫌です。

でも、必死に時間を詰めていくのも嫌です。
時間と優しく付き合いながら、楽しく仕事をしていく。
この余裕が、今の学校の先生には一番必要なのかもしれません。

第5章　初任の先生へのメッセージ

最後に初任の先生へメッセージを送ります。

「初めて」から「始めて」へ

「はじめて」には二つの意味があります。まず、何事も「初めて」ということ。はじめての学校、はじめての子ども達。見るもの、聞くもの、すべてがはじめての経験です。そして、もう一つが「始めて」です。つまり、スタートを意味します。

学校に来ると、期待や不安で「初めて」の中に「始めて」が急に入ってきます。校内での職員の紹介、あいさつに続いて、担任の話、そして学校案内があり、職員打ち合わせや会議、名簿や出席簿の作成、確認など……。つぎつぎに机上に置かれる校内文書の数々。打ち合わせの内容もあまりよくわかりません。

先輩の先生の仕事の動きを見ながら、一つひとつの仕事を見様見真似でしていく中で、あっという間に一日一日が過ぎていきます。

「なんだか、忙しい。多くのことをしなくてはいけないけど、何をしていいか、いまいちわからないなあ……。」

そんなことを思っているうちに、あっという間に始業式がやってきます。

これは、私が経験した初任の頃の話です。

この時期を有意義なものにするために、時間術を生かしながら、「初めて」を「始めて」にチェンジしていきましょう。

数的目標をもって仕事をしよう

絶対忙しいですので、「忙」の字のごとく、心を失ってしまいます。そこで、数的な目標をもって取り組むとよいです。

例えば、
- 毎週月と火曜日は子どもと遊ぶ。

・学級だよりを百号出す。
・毎日十人はほめる。
など何でもいいので、数値目標をあげてみましょう。

記録をつけよう

学級だよりでも何でもよいので記録を残していきましょう。記憶より記録です。問題が起きたことだけではなく、よかったことやほめたいことも書きましょう。そして、多くの場でほめていく工夫をしていきましょう。

また、授業の案や工夫したことをメモ程度でもよいので残していきましょう。私は初任の頃、授業計画ノートや「こんなことをしたい」と授業構想ノートをつくって書き込んでいました。こうした努力や工夫が今につながっているのだと思います。

時間を意識しよう

・時間をお金ととらえてください。時間をだらだらと過ごすのではなく、採点に何分使ったとか、仕事を一時間ですませるなど、時間の使い方を意識することが大切です。

・夜遅くまで学校にいても仕事の効率は悪いです。子どもがいる時間、五時までの時間を濃密にしてください。
・十二時には寝ましょう。
・早起きして朝仕事をするようにしましょう。
自分ができていないことをたくさん書きました。でも、これらは、あなたのためです。ぜひ、してください。この仕事は、体が資本なのです。

学級づくりについて

○小さなところをほめる

指示が入らなかったり、うまくいかない時は、先生の理想と子どもの現実が違いすぎていたりすることがよくあります。私も初任の頃、副校長先生に、

「理想が子どもの上を通っている」

と言われ、はっとしたことを覚えています。一年目は特にそうかもしれません。だから、子どもの目線に降りていく感じになって些細なことをほめていくと学級が落ち着きます。

○待つ

すぐには結果は出ません。二年ぐらいはかかります（笑）。それぐらいのつもりで考えていくとよいです。子どもが騒いでしまう場合、簡単には静かにはなりません。だけど、あきらめずゆっくり丁寧に静かに話を聞かせたり、考えさせていったりするとよいですね。

○原因論より方法論

うまくいかないと「どうしてうまくいかないのだろう」と思ってしまいます。これを「どうしたらうまくいく？」と考えてすることが大切です。後ろ向きではなく、前向きにとらえていくのです。

子どもの大変さは面白い

学生の頃、よく恩師の大橋功先生（東京未来大学教授）の中学校教諭時代の話を聞きました。大変な話がほとんどです。教育サークルでも話していますが、九十九％の大変さと一％の喜びの仕事だと感じてください。一％喜びを感じられればいいのです。そして、子どもがやらかす大変さや問題を面白いなあと楽しむことが必要です。この教師の悟りの境地が成長につながります。

このあたりは、吉永幸司先生（京都女子大学教授）の『新採教師必携！　新任教師力』

（小学館）に書いてあります。これは、私が一年目の時、みなさんと同じような状況で苦しんでいる悩みを吉永先生が答えるといった雑誌の連載から本になったものです。読まれた方もいると思いますが、もし読んでいなければぜひ目を通してみてください。

大事なことは「楽しむ」ことです。変な子、悪い子、できない子は、本当はすばらしい子です。ぜひこうした子ども達との関わりを「楽しい」と思って接し、大変なことは、自分の糧になると思いましょう。

うまくやる（人間関係をよくする）

上司（主任や初任者指導教諭、管理職）との人間関係で悩んでいる人が多いと思います。

そういうことで困っている友達がいたら、

「うまくやろう（上手に付き合っていこう）」

と伝えてください。

「わからないことはないか」

と聞かれても

「何がわからないかがわからない」

こともあるのです。みんな最初はそんな感じです。

色々言われることもあるでしょう。そうした時ほど、

「どうしたらいいですか？」

「先生のおかげです。ありがとうございます」

と言い、時には、自分の弱さを見せることです。そうすると、「こいつはいい」などと言ってもらえます。あと、お菓子やお茶を入れたり、手紙を書いたりして、人間関係を強めていくのです。

私も正直、「うまくやる」ことができない一人です。でも、人間関係をよくすることも大切な仕事だと考えます。最初はなかなかできないかもしれませんが、まずは、小さなことから始めていきましょう。

君は一人じゃない

私の尊敬する先生に水谷修先生がいます。

水谷先生から学んだことは、

「君は一人じゃない」

ということです。子ども達によく話しているのですが、これは、初任の新米の先生方にも言えることです。

困ったら、友達や恩師、そして家族など、多くの人に相談するのです。打ち明けるのです。たまには仕事の鬱憤を吐き出してもよいでしょう。私も苦しい時代がありましたし、今も困っていることがあります。そうした時は、迷わず話をしています。話をして前向きに取り組んでいくのです。

困ったら、連絡してください。できることがあれば、助けます。

あなたは一人じゃない。みんながついています。

教師のための時間術・仕事術に関わる本の紹介

○教育書関係

家本芳郎著『いきいき教師の仕事術―仕事サボリの教職学』学事出版

「働くには技術がいる」など、教師の仕事術、時間術に関わる本の中で古典といってもよい本です。今回の本を書く時に大いに参考にしました。まさに、教師がいきいきと働くための参考書です。

山中伸之著『できる教師のすごい習慣』学陽書房

本の帯に、「時間を生み出す仕事術」と書いてあります。見開きで一つのテーマごとにポイントがわかりやすく載っています。情報整理や学級経営で時間を生み出すための方法が載っていて、大変便利です。

佐藤正寿著『授業のアイデア3・4年―授業を楽しむコツ70』ひまわり社

この本の出会いが私を教師として大きく成長させてくれました。教師としてどのように学んでいけばよいか、また仕事をしていけばよいか、イラスト付でわかりやすく説明しています。

家本芳郎著『〈教育力〉をみがく』（寺子屋新書）子どもの未来社
長瀬拓也著『若い教師のための読書術』ひまわり社
野中信行著『新卒教師時代を生き抜く心得術60―やんちゃを味方にする日々の戦略―』明治図書

○ビジネス書・時間術、仕事術関係

本田直之著『レバレッジ時間術―ノーリスク・ハイリターンの成功原則』幻冬舎

この本の素晴らしいところは、時間を投資財と位置づけているところだと思います。自分自身が成長しながら仕事をしていくために、時間をどのように効果的に投資していくかといった考えは大変参考になります。

西山昭彦著『こま切れ時間活用術』日本実業出版社

一分、五分の大切さを教えてくれた一冊。五分でも何かできることはないかと常に意識を持てるようになったのはこの本との出会いからです。

平野敦士カール著『アライアンス「自分成長」戦略』日本実業出版社

J・カウント著、ディスカヴァー・クリエイティブ編『時間管理術を学べ!!』ディスカヴァー・トゥエンティワン

○おすすめのシリーズ

「明日の教室」研究会編『シリーズ明日の教室〈全5巻〉』ぎょうせい

学級づくりから授業づくり、そして教師の仕事まで、丁寧にかつわかりやすく、一流の先生方が教えてくれる一冊です。

第1巻　教師の一日・一年
第2巻　学級をつくる
第3巻　授業をつくる
第4巻　子どもに接する・語る
第5巻　担任一人で悩まない・抱えない

あとがき

父は、四十七歳で白血病になり、亡くなりました。中学校の教師をしていました。多忙な日々が直接のきっかけになったかはわかりませんが、関係がまったくないとは言えないような気がします。

父は優秀な教師でした。しかし、いつも帰りが遅く、疲れていたのを見てきました。それでも、子どものため、学校のためにと働いている矢先、白血病になって倒れたのです。

父が亡くなった数年後、私は横浜市で教師になりました。

本当に多忙な日々。

「忙」の字の通り、心が折れたり、失ったりするようなことも少なくありません。教師を辞めようと思ったこともありました。

その中で、「いかに時間をうまく扱い、子ども達と楽しく学校生活を送ることができるか」を考え、仕事を続けてきました。

今、子ども達のためにと心をはずませて教師になった多くの若い先生達が辞めています。そして、五千人以上もの先生方が鬱などでの休職、そして、過労による死……。どの仕事でもそうしたことはあるかもしれません。

しかし、そのままほうっておいてはいけないと私は思うのです。

教師の忙しさを解消するには、構造的に今の学校の仕事のシステムを変えていかなくてはいけません。しかし、そうした教育行政の改革を期待している前に、自分達でできることはないかと考える必要があると思い、この本を書きました。

多くの先生方にとって、この本がプラスになり、明日への元気のきっかけになればと願っています。

最後に、私のために多くの時間をかけて出版まで支えてくださった黎明書房社長、武馬久仁裕さん、編集部の都築康予さん。校正に参加してくださった則武千裕先生。そして、「アライアンス」の考え方を教えてくれた平野敦士カールさんに心からお礼申し上げます。ありがとうございました。

二〇〇九年七月

付記

本書は、以下の雑誌・書籍に掲載されたものを参考にした。

島恒夫編、長瀬拓也・阿部聡執筆「新人先生スランプ脱出大作戦」『小四教育技術　10月号』小学館、二〇〇五年。

長瀬拓也執筆「失敗から学ぶ心構え、出会いの演出法」『小四教育技術　4月号』小学館、二〇〇六年。

長瀬拓也著『若い教師のための読書術』ひまわり社、二〇〇九年。

著者紹介

長瀬拓也

1981年岐阜県生まれ。

岐阜県立中津高等学校，佛教大学教育学部卒業。

横浜市立小学校教諭を経て，現在，岐阜県公立小学校教諭。

高校生の時，中学校教員だった父親が白血病で他界し，教師になることを決意する。2004年に日本児童教育振興財団主催『第40回わたしの教育実践　新採・新人賞』を受賞。著書に『若い教師のための読書術』（ひまわり社）がある。

http://smile58.exblog.jp/

イラスト・岡崎園子

教師《きょうし》のための時間術《じかんじゅつ》

2009年11月25日　初版発行
2010年2月1日　3刷発行

著　者　長《なが》瀬《せ》拓《たく》也《や》
発行者　武馬久仁裕
印　刷　舟橋印刷株式会社
製　本　協栄製本工業株式会社

発行所　株式会社　黎《れい》明《めい》書《しょ》房《ぼう》

〒460-0002　名古屋市中区丸の内3-6-27　EBSビル
☎052-962-3045　FAX052-951-9065　振替・00880-1-59001
〒101-0051　東京連絡所・千代田区神田神保町1-32-2
南部ビル302号　☎03-3268-3470

落丁本・乱丁本はお取替します　ISBN978-4-654-01836-9